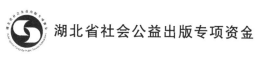

湖北省社会公益出版专项资金

大学教育资源优化配置研究

张忠家　著

武汉理工大学出版社

·武汉·

图书在版编目(CIP)数据

大学教育资源优化配置研究 / 张忠家著. —武汉 :武汉理工大学出版社，2014.10(2021.1重印)

ISBN 978-7-5629-4428-7

Ⅰ.①大…　Ⅱ.①张…　Ⅲ.①高等教育－教育资源－资源配置－研究－中国　Ⅳ.①G649.2

中国版本图书馆 CIP 数据核字(2014)第 040227 号

项目负责人:李兰英	责任编辑:李兰英
责 任 校 对:梁雪姣	排版设计:博壹臻远

出 版 发 行:武汉理工大学出版社

地　　　址:武汉市洪山区珞狮路 122 号

邮　　　编:430070

经　　　销:各地新华书店

印　　　刷:武汉精一佳印刷有限公司

开　　　本:880 mm×1230 mm　1/32

印　　　张:4.5

字　　　数:150 千字

版　　　次:2014 年 10 月第 1 版

印　　　次:2021 年 1 月第 2 次印刷

定　　　价:29.00 元

前　　言

伴随着知识经济的凸显,知识和人才已成为经济社会的宝贵资源。高等教育作为这两者的有机结合体,已从社会经济的边缘被推到中心,被全社会高度关注,广大人民群众对高等教育的需求也越来越迫切。因此,高等教育的进一步发展与提升,不仅为大学发展提供了空间,也成为大学自身办学追求的目标。然而,在当今经济全球化和高等教育国际化的趋势下,我国高等教育在改革的过程中所面临的高等教育大众化等带来的资源短缺问题已成为很大的挑战。为此,大学要发展,就必须走内部挖潜之路,在努力争取多渠道投入的同时,多途径优化内部资源配置,提高办学效益。

本书在考察我国高等学校教育资源配置实践、总结国内外学者关于大学资源配置的研究成果的基础上,通过对当前我国高等教育所处的背景和面临的竞争态势,以及对我国高等教育做出的重大改革的分析,提出资源配置问题是当前乃至今后相当长一段时期内制约高校进一步发展的瓶颈。大学在当前社会经济发展阶段资源总量配置不足和内部既定资源有限的情况下如何优化教育资源配置,是大学在国内外新一轮竞争中能否有一席之地,甚至能否生存与发展的关键点之一。书中综合运用教育学、经济学、管理学的基本理论,构建了大学资源配置的理论集群体系,论述了资源配置的核心实质,指出教育资源配置只有注重公平与效率的结合,才能在理论与实践中找到解决资源优化问题的合理方案。继而,本书就大学教育资源本身进行了具体剖析,通过对大学资源历史动态的研究,总结出大学教育资源的四大特性,即紧缺性、可变性、流动性、可再生性,并指出大学教育资源是一个动态变化的过程。随着社会生产力的发展,大学教育资源要素的种类不断变多(如网络资源等),教育资源范围不断拓展(如合作资源),资源要素在不同时期的作用也不完全一样,资源要素之间既相互联系,又不可替代。其中,物力资源是大学教育的基础,人力资源是大学教育的核心,财力资源是大学教育的保证,无形资源是大学教育的支撑。本书回顾了国内外高等教育发展历程,总结了不同发展阶段(规划→市场、条块→重组、精英→大众)大学资源配置的经验,综合分析了目前大学教育资源配置存在的结构、价值、效益三大问题及其六个方面的成因。

本书根据教育资源配置理论及大学资源配置的现状,在对国内外高校教育资源配置主要模式进行归纳分析的基础上,对如何配置大学教育资源提出了构想。由于大学教育与企业的价值取向有着本质不同,大学教育非营利性的特点决定了市场机制不能对大学教育资源起基础性调节作用。虽然随着市场经济的发展,市场对资源配置的作用在不断地加强,高等教育资源配置走向市场化已成为必然的趋势,但大学在引入资源配置的市场要素的同时要避免市场因素自身的缺陷所带来的副作用,这就需要用行政调节模式从整体上对大学教育资源的优化配置作宏观的计划指导。大学教育可以适当引入市场机制,如在大学的生源市场、资金市场、劳动力市场、科技服务市场、基本建设和物资购买市场上引入市场机制,有利于提高大学资源利用效率。本书大胆提出,道德调节作为大学教育资源配置的一种方式,是对市场调节和行政调节的补充,它对于调动教职工的积极性,提高大学教育资源利用效率有着非常重要的意义。本书在理论研究与实践考察的基础上,针对当前大学内部资源配置问题提出了优化的三个方面的战略选择和四个方面的理性思考,从宏观上构建了优化资源配置的系统范式,认为要做到大学内部资源的优化配置,必须转变观念、制定科学规划、作好制度安排、构建合理的评估体系等,只有这样才能使有限的资源得到充分利用,提高办学效益。

作　者
2013 年 12 月

目　　录

第一章　导　　论

伴随着知识经济的凸显，人才资源已成为经济社会的第一资源，高等教育也因此从社会经济的边缘被推到中心，被全社会高度关注。社会对高等教育的需求不仅越来越多元化，而且越来越迫切。因此，高等教育的进一步发展与提升，不仅为大学发展提供了空间，也成为大学自身办学追求的目标。自工业革命以来，市场经济凭借其强大的扩张性和进攻性渗透到了世界的各个角落，市场化及其相应的环境正在影响着大学的行为，大学已经发生并且还将继续发生深刻的变化。

党的十七大报告提出"要深化对社会主义市场经济规律的认识，从制度上更好发挥市场在资源配置中的基础性作用"，这是总结改革开放以来经济体制改革的实践，从完善社会主义市场经济体制出发，对发挥市场配置资源的作用提出的新要求。党的十八大则进一步提出"要深化对社会主义市场经济规律的认识，从制度上更好发挥市场在资源配置中的基础性作用，形成有利于科学发展的宏观调控体系"。党的十八届三中全会则提出"使市场在资源配置中起决定性作用"的重要论断。

有效利用和分配资源是资源配置的主旨及核心。因此，高等教育涉及的资源配置的要义，就是如何在有限的教育要素中合理使用资源以发挥其最大效率的选择性问题。它不仅直接影响宏观教育格局的平衡和微观教育活动的效率，还间接影响着其他社会子系统的协调发展。然而目前，一方面，我国高等教育资源要素总量不足，难以满足社会经济发展以及高等教育自身发展的需要，这已是不争的事实。另一方面,我国高等教育资源配置历来都由政府作决策,改革开放 30 多年来,政府虽然在高等教育投资体制上进行了一系列改革,使原有的单一的权力配置模式逐渐向权力配置和市场配置两种配置模式转变,但仍以权力配置为主,在决策方法与方式上,人为影响因素相对比较大。高等教育资源长期停留在粗放型的配置状态,导致资源闲置、浪费、利用率低,高级人才流失,办学效益不高等。高等教育资源配置的目的是要做到人尽其才,物尽其用,财尽其力。在此背景下,大学要发展就必须走内部挖潜之路,研究如何有效促进大学教育资源配置、提高大学办学效益的问题就显得尤为重要。

第一节　世界高等教育发展的新变化

高等教育作为一种社会实践活动,普遍存在于世界各国,并按各自的运行轨道曲折地前进。英国著名学者哈罗德·珀金(Harold J. Perkin)说:"谁都在谈大学,但是大学作为学者进行教学、科研和从事社会服务的场所,我们只有在不同时代、不同地点的具体环境里才能弄懂大学的这些任务究竟是什么。"

一、经济全球化

现代意义上的高等教育如果从中世纪意大利的博洛尼亚大学算起,发展到今天已有 900 多年的历史。在那时,创建大学的初始目的仅限于传播知识及为少数关键性行业提供必要的训练,但基础性研究则使得 19 世纪的大学逐渐成为新知识产生的一个最为重要的创造源泉。众所周知,早期的西方大学曾经具有与社会保持一定距离以维护其学术研究和教学自由的历史传统,因此被誉为"象牙塔"。作为思想最为活跃、最富创造力的学术殿堂,大学具有超凡脱俗的独立品格,即人文与科学精神。后来,随着社会不断地向前发展,大学从工业经济社会的边缘迈向知识经济社会的中心,逐步走出"象牙塔",与社会的联系越来越广泛,为经济发展与社会服务作出了巨大的贡献。"大学不仅是许多基础科学的发祥地,而且已经成为世界范围内交流知识的各类杂志、书籍和数据库的复杂系统的摇篮,在为日益增多的各类专业提供训练方面发挥了关键性的作用。同时,大学还有重要的政治功能,即它们不仅经常充当政治思想的中心,而且培养大量未来政治精英。"第二次世界大战后,出于对 19 世纪 30 年代经济大萧条的理论反思以及凯恩斯主义的盛行,政府的规模和范围不断扩大,政府对经济、社会领域的干预不断加强,但在 20 世纪 60 到 70 年代又出现了新的社会问题,如石油危机、滞涨、失业、民权运动等。因此,在 20 世纪 70 年代末,亚当·斯密的古典自由主义被重新推行,市场重新取代了政府,占据了经济的制高点。作为公共部门的一个组成部分,高等教育同样受到了这一思潮的影响,新自由主义学派主张,高等教育也应该引入市场机制。"公共教育制度缺乏必要的市场竞争的约束,效率低下,资源浪费,而要改变这种状况,唯一的出路是走市场化道路。"新自由主义学派的具体主张有:减少对高等教育的财政拨款,变拨款给大学的直接模式为拨款给学生的间接模式。在近半个世纪的全球性扩张后,其结果是许多国家的大学被迫削减支出,一些大学甚至缩小了规模。至此,为高等教育提供资源以促使更多学生入学,促使高校为科学研究和社会服务提供更多产出的不成文契约逐渐瓦解,这些对高等教育和社会均有显著的影响。

全球化背景下的高等教育,更多的是被视为一种商品,并且日益向私营化方向发展。大学具有的传统职能,如教学和科研等,不同程度地受到削弱,而高等教育基础较为薄弱的发展中国家受到的挑战尤为严峻。市场化背景下的高等教育,正逐渐像其他商品一样被视为一种可以自由买卖的商业性产品,高等教育的商业化趋势正在不断蔓延。世界贸易组织(WTO)针对这一趋势正在积极探索一系列制度设计,以便于把高等教育作为一项贸易安排,确保其进出口事宜符合世界贸易组织协定的相关规定及法律。美国的教育国际贸易全国委员会(the National Committee for International Trade in Education)和一些营利性教育的举办者对这一动议表示支持。而业已建立的高等教育共同体,包括美国教育理事会(the American Council on Education)对此没有明确作出承诺。WTO 推行的动议对传统的大学观以及政府乃至院校内部的教育管理均带来了颠覆性的挑战,需要仔细斟酌和审察。

可以说,当前我们正处在高等教育的深切变革之中,这一变革有可能彻底改变我们对大学定位及角色的根本认知。其变革的含义是深远的,但我们对其顶层设计及过程中的不确定性仍然缺乏深刻的讨论和理解。大学为什么要实行改革?现实的简单答案就是为了生存和发展,而发展的动因又得归咎于内、外因素的变化。美国原加州大学校长克拉克·克尔(Clark Kerr)把它归纳为以下几个方面:

(1)大学规模的扩大伴随着经济的不景气,使得来自政府财政支持的规模增幅递减;

(2)大学与政府及产业的关系越密切,就越会失去其在学术上应有的独立性;

(3)政府教育政策从"控制"向"引导"转变,加大了竞争主义的市场压力,迫使大学逐渐向市场经济方向发展;

(4)这种"引导"使大学从纯学术研究向应用研究与技术训练方面发展,在这一过程中许多的研究和技术训练在大学以外展开,使大学感受到了市场竞争的激烈;

(5)各国政府都在积极增加国民接受大学教育的机会,一方面使得在一般趋势上,大学会向大学之间的职能分化方向迈进,但另一方面,传统的均等化压力仍根深蒂固地存在;

（6）针对这种趋势,大学会在适应中逐渐形成并强化以校长为主体的企业特性;

（7）大学在办学资金多元化方面,会逐渐加大对学生缴费的依赖程度,同时进一步完善奖学金制度;

（8）在课程方面,会逐渐重视基础教学与语言能力的培养及对各种文明的学习;

（9）"人才外流"(brain drain)不只是国内现象,国际间也将愈发激烈;

（10）就大学本身而言,已经不能仅将存活下去视为唯一意义,因而既要关心存活之事,更要关心将来的繁荣,可是总体而言,在大学内部大学人的责任感在下降。

这些市场化的现象在美国的大学中表现得最为显著且最为极端,同时也不同程度地存在于或影响着世界其他各国。尤其是由于受当今经济全球化的影响以及知识经济的挑战,各国的教育不管愿意与否,都会被纳入这场变革的网络之中,迫使各国改变其各自的世界观,改革各自的管理制度和运行机制。伯顿·克拉克在《高等教育系统:学术组织的跨国研究》一书中提出了著名的高等教育发展的"三种配置力量制衡模型"(又称"三角协调模式"),即社会的每一种大学组织,其治理模式都存在着历史、现实、逻辑的理由,高等教育资源配置受到政府、市场和大学三个主体的影响,资源配置的调整和转换是三种力量不断冲突和妥协的渐进过程。总之,在经济全球化背景下,遵循"学术本位"的世界高等教育改革都向着如何有效配置资源的市场化方向迈进。

二、高等教育国际化

教育国际化不只是一种历史现象,更是一股根植于 21 世纪教育改革与发展的世界性思潮,它起始于 19 世纪,形成于 20 世纪(尤其是第二次世界大战以后),近年来得到进一步发展。世界的多极化和全球经济的一体化,伴随着科学技术的突飞猛进和知识经济的快速兴起,使许多国家愈发清晰地认识到当务之急是树立"国际化"的教育理念,打造为人类和社会可持续发展服务的全球性人才。相对封闭的传统教育体系和培养模式,已不能完全满足现代社会对教育必须面向世界、走向世界、立足于世界的内在要求。民族和国家作为教育体系的基本元素,如今正集国际性、民族性和跨文化性于一体,其相互之间的融合、协作与互助已经成为一个国家教育健康发展的必要条件。当前一些教育现代化程度较高的国家,都普遍以"国际化"为教育目标,例如从学生的观念上注重国际意识的培养,从能力上注重适应国际市场竞争力的培养,使学生掌握一些将来在国际社会工作中所必备的知识和技能。培养"国际社会所需要的日本人"正成为日本政府和教育界革新日本国内教育的首要课题;美国也提出要培养"具有国际眼光的人",使大学生"不仅会讲一门外语,还要了解他国文化"。其他一些国家如德、法、泰等国家,也都将国际化作为教育改革的一项重要举措并积极予以实践。可以说,基于未来的教育模式和当前的改革趋势,各国教育都将成为国际化教育中的一个子系统。换言之,21世纪"独学无友"、"囿于一乡"般封闭保守的国家教育模式将不复存在。特别是对于现代化起步晚、发展环境更加全球化的发展中国家来说,树立国际化的教育理念,将具有更为重要的理论和现实意义。1999年11月15日,中美双方在中国加入WTO的问题上达成协议,21世纪中国参与世界市场竞争的车轮将越滚越快,这对中国的高等教育定会产生深远的影响。为此,树立国际化的教育理念,调整教育政策,建立适应21世纪教育发展内在需要的运行机制,中国高等教育任重而道远。

第二节 我国高等教育面临的挑战

社会的进步靠科技,科技的进步靠人才,人才的培养靠教育。随着知识经济时代的到来,我国高等教育正面临着经济全球化、信息网络化、社会学习化、文化多元化的挑战,呈现出背景国际化、培养对象大众化、教育途径多样化和教育导向市场化的态势。中国的高等教育作为世界高等教育系统中的重要组成部分,既与国外高等教育有许多相似之处,又有其自身的特点。我国经济体制向具有中国特色的社会主义市场经济转型的 30 多年来,高等教育的规模和速度、结构和效益、数量和质量、内涵和外延均发生了巨大而深刻的变化。所有这些变化都涉及资源的变化,而资源变化的核心则是高等教育资源配置方式的改变。1992 年党的十四大提出建立"社会主义市场经济体制"的目标,这一目标的确立规定了一切与市场经济不相适应的体制必须加以转变。我国高等教育以体制改革为突破口启动了全方位的改革,以 1985 年颁布的《中共中央关于教育体制改革的决定》、1993 年出台的《中国教育改革和发展纲要》等为标志性文件。

一、高校合并

为了适应社会主义市场经济体制和改革开放的要求,改变 20世纪 50 年代仿照苏联办学模式形成的"条"、"块"分割的办学格局与不科学的人才培养模式,培养适应现代社会经济发展的高素质复合型人才,1992 年,国家教委(1998 年之后改为教育部)正式把解决"条块分割"的管理体制提上工作日程,正式部署进行此项改革。以1992 年 5 月合并六所省属院校成立扬州大学拉开序幕,国家教委先后在上海(1994 年)、南昌(1995 年)、北戴河(1996 年)与扬州(1998

年)召开了四次高等教育体制改革会议。1995年,国家教委发布《关于深化高等教育体制改革的若干意见》,要求开始广泛推行。特别是1998年在扬州召开的全国"高等教育体制改革"座谈会明确指出,当时乃至之后一段时期的改革目标为争取到2000年或稍长一段时间,基本形成中央和省级人民政府分级管理、分工负责,以省级人民政府统筹为主,条块有机结合的新体制;到21世纪初,除少数有代表性的重点高校以及行业性强、地方政府不便管理的高校继续由中央政府有关部门直接管理外,相当数量的现属中央部门管理的高校,要转由地方管理或与地方共同管理,并要在改革的实践中不断增强学校的办学活力,通过深化改革和立法,逐步形成国家统筹规划、宏观管理,学校面向社会依法自主办学的局面。此后,通过"共建"、"合作"、"合并"、"协作"、"划转"等方式对当时分别隶属于中央各部委和地方省(直辖市)所属的1000多所高等院校进行合并调整,涉及全国19个部委、31个省(直辖市)政府主管部门。至此,我国在特定历史条件下形成的、与计划经济体制相适应的部门和地方"条块分割"、重复办学且与地方经济社会发展脱节的局面不复存在,基本形成了中央和省级人民政府两级管理、以省级政府管理为主的新体制,增强了高校面向社会和市场自主办学的积极性和为地方经济社会发展服务的能力。2000年以后,有一批高校加入了中央部委高校转制大行动的行列,在一定程度上缓解了中央管理的高校与地方管理的高校相互缺乏联系的矛盾,通过学校与学校之间的多种形式的合并办学,形成了一大批综合性、多科性的大学。同时,以20世纪80年代到90年代广东省中心城市办大学的"新大学"运动陆续创办了11所大学来说,这是我国政府在探索"大学服务地方"的一次尝试,由原先的国家、省两级办学体制,变成国家、省、市三级办学体制,是应对受市场经济以及地方化办学思潮冲击的高等教育系统的自身调整,反映了教育系统地方化改革的趋势。总之,在办学体制改革方面,由于实施了"共建"、"共管",社会参与办学与管理的程度比以往有所加强,通过鼓励产业集团、企业及科研单位积极参与高校的办学、合作和管理,逐步形成了以公办高校为主,民办高校、民办公助以及与境外合作等多种形式并存的办学新格局;在投资体制改革方面,加快了"建立以国家财政拨款为主,多渠道筹措高等教育经费的新体制"的步伐,同时,针对不同层次和类别的高校,实行了不同的拨款标准和拨款办法,进一步改革了对高等学校的财政拨款机制,充分发挥了拨款手段的宏观调控作用。这标志着我国高等教育管理体制改革取得了重大进展。

从主观上讲,高校合并是教育主管部门依据效益原则,通过学校管理体制改革等措施来实现校内外资源优化配置的一项战略举措。这一举措不仅能扩大办学规模,而且可以提高高校办学效益,增强高校综合实力。自20世纪末高校合并实践开始以来的短短几年,我国高等教育规模越来越大,高校分布越来越集中。现已经出现以北京、武汉、上海等城市为中心的超大规模的集群高校现象,这些高校也日益成为我国的科技和文化中心。然而目前,在我国的办学实践中出现的问题是,不同高校的教育资源能否整合、合并后的高校应如何优化资源配置、重新配置教育资源能否实现"帕累托最优"。鲁姆勒尔在进行教育的财务和成本分析时,曾用"生均成本—学生关系"曲线反映出"教育规模扩大可带来生均成本的降低"这样一个规律。但研究与实践表明,高校合并不一定带来规模效益的递增。比如,从我国高校合并前的情况来看,多数高校办学规模是较小的,学生人数较少,学生培养的平均成本较高,但高校人才培养质量基本上是有保证的。人们通常认为,一所高校学生规模为 5000 ～ 6000 人,平均成本随着学生数量的增加而递减,规模效益则递增;若合并后学生规模继续扩大,平均成本随着学生数量的增加而下降,边际成本开始上升。考虑到办学总效益还在增加,因此,合并后规模扩大也是可行的。但现在有些高校合并前学生规模本来就比较大(很多高校都超过 1 万人),合并后不仅平均成本随着学生数量的增加而递增,而且边际成本已经超过了平均成本,这样必然导致因规模扩大而带来的资源紧张或办学负效益。

二、高等教育大众化

美国著名的教育社会学家马丁·特罗于 1970 年和 1971 年在《从大众向着普及高等教育的转变》《高等教育的扩展与转化》和《从精英向大众高等教育转变中的问题》中提出了高等教育发展阶段划分的理论。他的高等教育大众化理论是一个完整的理论体系,几乎涉及了高等教育大众化过程中的大多数问题,对世界高等教育思想领域和实践领域都作出了巨大的贡献。特别是他在高等教育发展阶段划分的理论中提出的:当一个国家大学适龄青年中接受高等教育的比例在 15％以下时,属于精英(Elite,也可译为英才)高等教育阶段;15％ ～ 50％为大众化(Mass,或 Massfication)高等教育阶段;50％以上为普及化(universal)高等教育阶段。近年来,尽管有学者对他的理论体系有一些争议,但是该理论对世界各国高等教育大众化有着深远的影响,仍被许多国家作为制定高等教育发展政策的一个重要的理论根据。

高等教育大众化是当代世界高等教育的重要发展趋势。20 世纪 90 年代末,知识经济初见端倪,经济全球化对我国经济的影响,加之加入世界贸易组织对我国经济的冲击以及高新技术的飞速发展对高新人才的迫切需求,为实施"科教兴国"伟大战略,从 1999 年开始,我国高校开始扩大招生规模。这一举措大力推进了我国高等教育在数量上的跨越式发展,群众接受高等教育的要求得到了相当程度的满足。2012 年政府工作报告指出:"近十年来,我国高等教育发展迅猛,大众化水平进一步提高,高等教育毛入学率从 2003 年的 17％增长到 2012 年的 30％。"从精英教育到大众化教育,不是一个纯粹的教育规模扩张的线性发展过程,而是一个伴随着高等教育体系和制度发生重大变革的过程。大众化教育实践有力地推动了高等教育领域各项改革的深化,如进一步推动了高等教育思想、高等教育观念的转变,不断深化了教育管理体制、办学体制、经费筹措体制、内部管理体制、招生和就业体制、教育教学制度、教育教学内容与方法等各项重大制度的改革。其中,一些改革已实现了重大突破,促使大学的办学潜力得到了充分发挥,使我国高等教育为经济社会发展服务的能力明显增强,国际地位显著提高,这些足以显示高等教育在国家发展和社会进步中日益重要的地位。

但是,随着高等教育大众化,高校学生人数激增,人、财、物等教育资源全面紧张起来,出现了诸多突出和严峻的问题与矛盾,使高等教育的发展面临着巨大的压力。如一些地方出现办学指导思想不端正,定位不准,只讲数量不讲质量,盲目追求发展速度的现象;经费投入严重滞后与学校发展规模不相适应,办学条件全面紧张,师资总量不足,结构性失衡较为突出;就业压力大等。在此形势之下,人们逐渐认识到,要使有限的高等教育资源得到更合理、有效的利用,关键是在市场化环境下如何优化高等教育资源配置。其中,核心问题是提高其教育经济效益,尤其是快速、高效地提高大学内部的办学效益,尽可能地节约办学成本。

三、我国现行高等教育资源配置状况不容乐观

高等教育资源不仅涵盖支撑高等教育发展必需的物质资源,也包括相应的人力资源,如高等教育经费的投入、高等教育设施的状况、高校教师队伍的数量和素质等。从宏观配置层面(政府)来看,目前我国现行高等教育资源配置状况不容乐观,主要表现在两个方面:一是财力资源方面,大众化首要的问题是"经费的挑战"(the challenge of funding)。高等教育入学机会的增加,需要增加经费投入。国家财政性教育经费支出占国民生产总值的比例是衡量政府投入水平最重要的指标。1993 年的《中国教育改革和发展纲要》提出,国家财政性教育经费投入占 GDP 的比例要在 2000 年达到 4%。

2010 年的《国家中长期教育改革和发展规划纲要(2010—2020 年)》再次明确提出,国家财政性教育经费投入占 GDP 的比例要在 2012 年达到 4％。值得欣慰的是,2012 年,这一目标终于得以实现,但仍低于 4.5％的世界平均水平。财政性教育经费投入总量的长期不足,难以满足社会经济发展的需要,难以满足广大人民群众对教育的需求,也必然使得政府对高等教育的投入不足。二是资源管理制度与管理机制方面,高等教育领域缺乏科学的资源管理制度,不可避免地出现各种高等教育资源要素在各区域内部、区域之间的配置结构不均衡或是配置不公平等现象。另外,妨碍高等教育资源优化配置的因素还包括高等教育绩效评价及考核的难度、高等教育机构管理成本的不可预见性、人力资本的不确定性、信息的不完全性、高等教育的外部性等。这些问题从本质上看,都涉及教育资源配置的制度选择。高等教育资源的上述问题,在很大程度上反映了高等教育管理中的弊端。

从微观配置层面(大学内部)来看,大学本身的资源配置状况也不尽如人意,资源配置的保障作用和调控作用未能充分发挥。一是在财力资源管理方面,一些大学教育资源分配缺乏科学性,预算分配体制和执行体制存在缺陷,资产管理与财务管理未能做到有机结合。资源管理人员财务管理水平不高,各职能部门私设小金库、截留预算外资金、分散财力的情况较为普遍,造成资产流失和浪费。二是在物力资源管理方面,现行财务制度规定,高校的固定资产归部门所有,无偿使用,不计提折旧,由此形成的后果是学校内部各部门分割,各自为政,资源难以共享,争经费,争设备,搞"小而全"、"大而全",资产闲置与重复购置现象并存,资源利用效率不高。三是在人力资源管理方面,现行高校人力资源浪费较为严重。这种浪费不是体现在生师比上,而主要体现在受教育者的潜能未能得到应有的开发,教育者的精力不能适应扩招后人才培养的需要等方面。在高等教育大众化的条件下,如果一所大学的校舍和人数规模远远超出以往的规模,但教学质量不升反降,则必将造成高等教育发展的本末倒置和资源的极大浪费。

高等教育资源配置要满足多层次、多维度、多变化的教育需求,必然面临诸多两难选择和各种矛盾,以上诸多现状使大多数大学处于"内忧外患"的境地。"物竞天择,适者生存",这个规律同样适用于大学的发展。由于资源的稀缺性,高等教育资源配置问题就愈加凸显,在此背景下,大学教育资源配置的经济效益研究就显得尤为重要。实践表明,在大学内部,资源合理有效的配置是提高办学效益的最重要的途径,它直接关系到学校的生命力和最终办学效益。为此,人们进行了大量的相关研究,主要包括大学教育经济效益的构成、效益指标、计量方法、影响因素和提高途径等。但在实际操作与应用过程中,如何科学合理地确定大学教育资源配置的比例却是相当复杂的,它涉及一系列相关因素,包括学校性质、办学理念、管理模式、经济发展水平、教育发展规模和速度等。在短期内确立一套真正科学合理的资源优化或配置模式是相当困难的,这就要求人们必须对此问题进行深入持久的理论研究和实践探讨。

第三节　研究大学教育资源优化配置的意义

一、有助于拓宽大学教育资源配置研究的范畴

随着社会制度的转型,国内对高等教育资源配置的研究热点集中在改革的规范性和实证性方面,并获得了许多具有指导性的研究成果。这些成果主要涉及以下几方面:一是建立在高等教育大众化基础上的规模扩张理论的研究;二是以教育经济学理论为基础的对高等教育筹资、成本分担与补偿、经费使用效率和办学效益、教育收益率、拨款方式、高校毕业生就业等方面的研究;三是从高等教育宏

观与微观管理理论和改革实践入手,对高校管理体制和运行机制、内部管理模式的研究;四是以系统论为基础展开的,对转型期高等教育结构、布局、层次、类型以及学科与专业发展等方面的研究。从管理体制的研究和改革成效评价的研究来看,前期研究多为思辨的、定性的,基本上是经验总结式的归纳性研究;后期的研究则侧重于以社会学、经济学理论为融合的高等教育组织模式研究。当前的研究成果在充分借鉴我国转型期高等教育理论模型的基础上,针对某些具体内容进行了展开和深化,如关于教育产品性质的界定、高等教育生产函数的量化、高等教育教学评价模型的研究等,这些为我国转型时期的高等教育改革积累了大量的、多角度的研究经验和方法,为人们寻求更具说服力的理论分析模型开创了先河,因此,前人宝贵的研究成果将是本研究的重要理论基础。但是,国内对高等教育资源配置转型程度的研究尚处在初步探索阶段,尤其是缺乏政策性、制度性的解释,对高等教育资源存量和增量的关系研究以及资源配置转型的归因及趋势分析不够深入,对反映高等教育资源配置状况的指标优化及模拟分析仍然较少。总的来说,整个资源配置的研究大都仍停留在描述性的层次上,还缺乏一套系统的体系来深入剖析这一发展变化过程中呈现出来的规律以及准确预测未来发展变化的趋势。可以说,国内反映这一变革过程的指标体系和理论建构还没有完整地建立起来,甚至连基本的关于哪些是高等教育资源要素的问题,都没有达成一致意见。所以,关于提高大学教育资源配置效率的模式和途径问题、教育资源利用效率的评价问题等有进一步研究的必要。

二、有助于人们对大学教育资源配置的理论、实际运作有更深刻的了解

新时代背景下,大学教育资源配置的研究将对高等教育经济学理论的发展和创新有重要意义。大学教育资源作为高等教育事业发展的前提和约束条件,是影响大学发展的重要因素。资源配置是大学发展战略实施的基本保障,其优化又是加强大学管理的有效调控手段。大学教育资源配置经济效益研究是教育经济效益研究中的一个重点和难点,比如,对教育资源利用效率的评价,都是在教育产出质量相同的假定下,对投入与产出在量上进行比较,而教育质量评价的量化是国内外尚未解决的难题,具体的量化评价指标也尚未定型,这些都需要做进一步深入研究。在研究过程中,本书大量涉及教育管理学知识、产业经济学理论和人力资本理论的分析与评价、论证与应用,这将有助于人们加深对大学教育资源配置的理论、实际运作的了解。

三、有助于为我国大学教育资源配置改革提供理论借鉴

高等教育大众化是我国高等教育发展过程中面临的全新机遇与挑战,相当一部分大学承担着"大众教育"与"精英教育"的双重使命;各大学竞相发展,大学教育资源的相对有限与绝对有限的矛盾更加突出。本研究回顾了国内外高等教育发展历程,总结了不同发展阶段(规划→市场、条块→重组、精英→大众)大学教育资源配置的经验与教训,综合分析了目前大学教育资源配置存在的结构、价值、效益三大问题及其六个方面的成因;在对国内外高校教育资源配置主要模式进行归纳分析的基础上,对如何配置大学教育资源提出了构想。由于大学教育与企业的价值取向有着本质不同,大学教育非营利性的特点决定了市场机制不能对大学教育资源起基础性调节作用,行政调节模式仍是教育资源的主要调节方式。大学教育可以适当引入市场机制,如在大学的生源市场、资金市场、劳动力市场、科技服务市场、基本建设和物资购买市场上引入市场机制,有利于提高大学教育资源利用效率。本研究提出,道德调节作为大学教育资源配置的一种方式,是对市场调节和行政调节的补充,它对于

调动教职工的积极性,提高大学教育资源利用效率有着重要意义。这些都将致力于促进大学进一步深化改革,走内质优化、高效发展之路;通过扩大办学规模、调整学科结构、提高管理效能、更新教育内容、提高设备利用率,以促进有限的人力、物力、财力资源等获得最佳配置,真正做到人尽其才,物尽其用,用见其效;进一步提高大学的教学、科研和社会服务等水平,促进大学的持续、快速、健康发展,最终推进大学教育改革进一步向纵深方向发展。

本章小结

　　长期以来,我国高等教育资源的粗放型配置模式导致了资源闲置、浪费、利用率低等现象的存在。本章在分析世界高等教育出现的经济全球化和高等教育国际化的新变化之后,提出了我国高等教育面临的高校合并、高等教育大众化,以及由此带来的教育资源短缺和资源管理制度及管理机制上存在的问题,论述了研究优化大学教育资源配置的意义:有助于拓宽大学教育资源配置研究的范畴;有助于人们对大学教育资源配置的理论、实际运作有更深刻的了解;有助于为我国大学教育资源配置改革提供理论借鉴。

第二章　大学教育资源配置的理论基础

在我国高等教育改革的大背景下,我国高等学校的办学理念、办学体制和管理体制都取得了长足的进步。为了使高等学校的教育更好地适应和服务我国的现代化建设,切实培养出一批国家和社会所需要的人才,解决我国高等教育资源配置方面的问题,使教育资源得到最优化配置就显得尤为重要。特别是随着我国经济体制改革的不断深化,高等教育逐步与国际接轨,我国的高等教育同时面临着重大的机遇和挑战。优化大学的教育资源配置,使大学更好地与社会主义市场经济接轨,实现经济与文化的全面发展。

第一节　教育资源配置的理论基础

通过对已有研究成果的总结和梳理,可以发现高等教育资源分配主要结合了经济学、教育学、管理学三大理论。如何将有限的教育资源合理地分配到教育系统的各个组成部分,使资源得到最充分的运用? 为此,我们集中研究了这三大理论的内在联系与精髓,并对三大理论在优化资源配置中所起到的作用进行了分析。

一、教育资源配置的人力资本理论

1.人力资本的内涵

在教育资源的分配中,人力资源起着至关重要的作用。在各种资源中,人是能够产生巨大经济价值的最具有活力的资源。西方经济学把人力资本看作经济增长的重要内生变量。人力资源聚集产生的集聚效益,可以充分地促进高校的人力资源分配。经济学之父亚当·斯密提出了人力资本的说法,随后获得诺贝尔经济学奖的美国学者舒尔茨提出"对人力的投资是投资中效益最好的投资"。西方经济学界把资本分为物质资本和人力资本两大类,人力资本体现在人的身上并可以在未来直接为人们带来收益;物质资本主要是土地、厂房、机器设备、产品等。任何事物,既需要有量的规定性,也需要有质的规定性,对一件事物性质的完整描述包括质和量的统一。特别是在人类告别大批量标准化生产时代后,当今时代的产品和服务逐步地向定制化、多样化方向发展,质的方面的特征成为某一事物区别于其他事物的根本性特征。如我国的家用电器的发展,产品对消费者需求的适合程度决定了厂商的成败而不单单依靠于商品数量。同样,资本的评判也要求我们要更加关注资本在质的方面表现出来的特征。判断一国人力资本状况,就需要把劳动者数量以及劳动者的工作能力、工作强度、技术水平和熟练程度综合起来考量。

可见,较完整的人力资本概念可以表述为:"体现在劳动者身上的、以劳动者的数量和质量表示的资本;它能促进经济增长和个人收入的增加,是一种生产性资本。或者更准确地说,人力资本是人们在自己身上投资所获得的、能够增加个人未来收入、促进国民经济增长的知识和能力。"

根据人力资本理论可知:

①投资物力资本的效果没有投资人力资本所取得的效果好。舒尔茨等人认为,生产性投资是经济增长必不可少的推动力,而生产性投资又包括物力资本投资和人力资本投资,但两者相比,人力资本投资更加重要。

②教育投资是人力投资的核心。人力投资虽然有多种途径和形式,但其核心部分是教育投资。西方大多数专家指出,由于经济增长的关键是通过提高劳动力素质来大大提高劳动生产率,而提高

劳动力素质和劳动生产率的主要途径是教育。因此,教育这种生产性投资对经济增长具有举足轻重的作用,教育投资增长速度应该大于物质资本投资增长速度。

③人力投资应作为资本投资的重点。有一种当代西方经济学家普遍认同的观点:在科技革命迅猛发展的形势下,要不断提高劳动力素质和劳动生产率,必须加大人力投资,不断积累人力资本。许多国家的教育投资随着社会财富的增长而相应增长,从而保证了其国民经济的持续发展,因而,其投资的重点也从物质资本转向人力资本。

2. 高校人力资本的分类

高校人力资本可以泛指高校中从事教学、科研、管理和后勤服务等方面工作的教职工总体所具有的劳动能力的总和。高校人力资本大致划分为三个方面:①管理者人力资本,即指行政管理人员,也叫决策者的人力资本,其中典型代表是校领导的人力资本;②直接生产者人力资本,主要包括教师和科研人员,这是高校存量最大、价值最高的人力资本;③间接生产者人力资本,主要是指后勤服务人员和教辅人员,随着高校后勤社会化改革的推进,这部分人力资本的重要性逐渐减弱。

3. 人力资本的理论在教育资源配置中的应用

从上面人力资本理论的分析来看,可以发现人力资本理论没有被直接地应用到大学内部教育资源配置过程中,因此很难发现它与我国大学内部效率有什么必然联系。而且有些理论在实践过程中甚至与大学教育资源配置理论相悖,比如"在大学教育发展阶段,投入到人员上的经费增长速度要比投入到物资设备上的经费增长速度慢",这就与前述人力资本理论②是不符的,因为我们是从宏观层面上教育与经济的关系角度来谈人力资本理论的。

我国高校更加重视应用型学科,在许多工科学校、师范类学校,应用型研究受到普遍重视,在此方面的人力配置也比较好。但是在这些方面,还存在一个比较大的问题,那就是我国学校的专业设置大大滞后于国民经济的需求,不能够迅速满足社会新的需求。新型专业设置比较死板,不能够及时反映当前应用科学技术的发展。而且,我国对交叉学科和跨学科的重视程度不够,随着经济的迅猛发展,社会表现出对这些学科的强烈需求。我国大学应该更加面向社会的需求,推动整个应用学科发展的人力资源配置。

为了实现给资本主义经济寻求持续增长途径这一目的,西方经济学家根据 20 世纪 50 ~ 60 年代生产力和经济发展的需要,研究和创立了人力资本理论,而本书这项研究的主要目的是论证作为人力投资核心的教育投资将会产生更大的经济效益。作为西方教育经济学理论的灵魂和根基,人力资本理论追求教育经济效益和社会效益的最大化,实现教育资源的优化配置。而在我国大学教育资源配置的理论研究和实践过程中,利用人力资本理论来分析或解决相关的理论和实际问题具有重大的实际意义。我们必须抓住人力资本理论的核心思维方法,以指导我们研究教育资源的优化配置。笔者认为,我们可以从以下几个方面来分析人力资本理论在教育资源配置过程中的作用:

第一,用经济学的观点来审视教育的价值,强调效率、效益在教育资源配置中的重大作用。

英国著名教育经济学家马克·布劳格曾对人力资本理论的核心做过这样的概括:人是有前瞻性(forward looking)的,他做出使用自己各种资源(金钱和时间等)的决定不是为了今天的享用,而是为了将来在金钱上或非金钱上的收益。这个观点是很激进的,掩盖了教育事业的崇高本质,但其具有一定的合理性,即引入了经济学的观点来全面审视教育的价值。一直以来,教育被认为是政治上层建筑的组成部分,与经济的发展并没有直接关联。但是人力资本理论从产生到被人们实践应用,一度刺激西方经济迅速发展。人力资本理论的精神实质广泛而深刻地影响着教育资源的方方面面。我国现在所提出的"教育必须为经济服务,经济的发展必须依靠教育"观点,也正是立足于教育发展与经济发展的关系之上的。

我国教育也同样必须从经济学的观点出发,讲求经济效益。这在大学教育发展过程中更明显,因为大学教育的职能本身就是集教学、科研和生产于一体,本身在一定程度上就能带来经济收益。现在的问题是,在社会主义市场经济中,能够集中的大学教育资本越来越有限,要想在激烈的国内外教育竞争中取得优势地位,大学必须以更快、更经济的速度发展。要实现这个目的,大学应该尽可能地节约现有资源,减少不必要的浪费,努力提高内部的资源使用效率。大学内部资源使用效率的提高,不仅能满足大学基本的教学、科研的需求,同时还能为学校的发展带来一定的经济效益。

第二,重视人的价值,认为人的因素是经济增长中的决定因素。

舒尔茨等人认为,人力资源是一切资源中最重要的资源。因此,处理好学校内部教职员工的各种利益和关系,充分开发和利用本系统内人力资源的潜力,就成了学校资源配置过程中人力资源部门的重中之重。大学教师在工作之前的学习过程中投入过很大部分的资本,其在参加工作以后需要得到较高的待遇,那么,大学教育资源配置过程中人员经费占教育经费的绝大多数就是合情合理的。面对大学优秀教师流失严重的现象,国内大学普遍的做法是采取"以制度留人,以事业留人,以情感留人"的办法来不断提高教师的待遇和地位。这些说明,在现在的大学教育资源配置过程中,必须充分体现以人为本的思想。

二、教育资源配置的劳动力市场分层理论

劳动力市场分层理论是由 Doeringer 和 Piore(1971)及 Bulow 和 Summers(1986)等人提出来的。劳动力市场分层理论认为,劳动力市场不是统一的,而是划分为不同部分的,教育就是将人们分配

到不同的劳动力市场的重要手段。教育在很大程度上决定了人们进入哪种劳动力市场、在什么样的工作岗位上工作。所以,教育对个人的经济价值,在于它是决定一个人在何种劳动力市场工作的重要因素;教育对整个经济增长的作用,在于它将人们分配到不同的劳动力市场,从而使整个社会形成一个有效的经济运行体。

在我国的教育资源配置中,劳动力资源分层不容忽视。我国现有科技工作者 280 万人,高校在校生近 1000 万。目前,我国高科技行业从业人员大约有 90％分布在高校和科研院所,仅有 7％分布于企业第一线。另有数据统计,我国研究机构和高等院校集中了近 80％的研究与开发人员,企业不足 20％。高等院校是人才和知识的宝库,在发展高新技术产业方面显示了明显的优势。其中,高校教师和各类学生是高校优势中最具创造力和活力的资源。

由劳动力市场分层理论可知,教育水平的高低对于不同层次的人力资源在劳动力市场中的定位是不同的。而人力资源的形成及其作用的发挥必须与市场需求相一致。因此,作为培养高级人力资源场所的大学在资源配置的过程中,要准确把握市场需求,以培养出适应市场需要的专门人才和拔尖创新人才。人力资源的能动性、可变性和组合性特点决定了它在教育资源中的核心地位。人才是最重要的资源,是学校发展的关键要素,教师是高校教学、科研的主力军,教师的质量成为决定一所大学成败优劣的主要要素;行政管理人员和后勤人员是大学的骨干和肌肉,他们的职责是为教研人员提供最优良的环境和最积极的支持。在大学中,学校领导必须重视对人力资源的管理,一方面必须加强人力资源的合理利用,做到人才尽其用,提高利用效率;另一方面必须加强人力资源开发,充分挖掘其潜力。只有这样,才能充分发挥学校人力资源的作用。

然而,扩招以来高等学校规模的急剧扩张,还存在着规模过大而导致的"规模不经济"现象。据闵维方教授研究,我国高等院校的适度规模为 4000 人左右。也有人测定,"我国目前本科院校的经济规模为 8000 人"。扩招后,师资力量不足,教师缺口较大,特别是公共课和基础课教师教学任务重。自 1999 年高校扩招以来,全国普通高校生师比都超过 17∶1,2001 年达到 18∶1,2002 年达到 19∶1,远高于 1997 年普通高中的生师比(14∶1),也高于普通初中的生师比(17∶1)。

劳动力市场分层理论表明了不同的劳动力市场是由具有不同教育水平的人力资源构成的。而肩负着培养和造就高水平人力资源的大学在教育资源尤其是教学资源配置的现状上令人担忧,因此,我们应共同努力去改善现状,实现大学教育资源的最优配置。

三、教育资源配置的市场化理论

在社会主义市场经济条件下,只有通过市场机制调节才能实现高等教育事业自身的生存和发展,市场机制在高等教育资源配置中发挥着重要的作用。为了正确认识和评价市场机制在高校教育资源合理配置过程中的地位和作用,为了实现高等教育资源的合理配置,需要考察高校教育资源的市场配置机制。现在从以下三个方面来论述教育资源的市场配置:

第一,商品交换的场所是指高等教育市场的要素市场,由主体、客体和价格三个要素组成,三者缺一不可。高等教育市场同样也要具备这三个要素。对于高等教育市场而言,主体是指参与高等教育市场交易活动的社会组织和个人,客体是指高等教育服务,价格就是指所提供的高等教育服务的价格。在社会主义市场经济条件下的劳动交换过程中,高等学校及其教职工是高等教育市场上的主体,同时也是高等教育服务的生产者;购买和消费高等教育服务的主体则是求学者。从经济意义上来讲,高等教育服务的生产者与高等教育服务的消费者之间,是高等教育服务的供给与需求的关系。作为高等教育服务宏观调控者的政府,它主宰着高等教育市场的生产、分配、交换和消费,并参与分配和交换,但政府并不是高等教育服务的生产者和消费者。政府、高等学校、其他社会组织和求学者在高等教育服务的分配中发挥着重要的作用,并且和其生产、交换和消费相联系。从某种意义上来讲,高等教育服务的分配问题等同于高等教育资源的配置问题,因此,高等教育资源的合理配置与高等教育服务的生产、分配、交换和消费息息相关。我们经常说,高校是为社会培养高级人才的专门机构。高等教育市场的价格就是指主体提供的高等教育服务的价格。在高等教育服务的价格这一要素中,学费是高等教育服务价格的主要表现形式。在现实中,高等教育服务价格由高等教育服务价值决定,而这是通过高等教育市场来实现的。而在高等教育市场中,对高等教育服务价格产生重要影响的因素是高等教育服务的供求关系。

第二,市场适度调节和市场经济条件下的高等学校教育资源的配置。当高等教育资源的配置结构发生变化时,高等学校应主动借助市场的力量来促进自身的发展,增强活力、实力,形成办学特色。因为市场机制的自发性、无序性等特点,政府必须加强宏观调控,市场只能是适度调节。在市场经济条件下,市场是高等教育资源配置的主导者,高等教育资源配置的基础是市场经济体制,本质是使市场机制在教育资源配置中起基础性作用,功能就是通过优化资源配置,实现效益和效率的最大化。1992年我国确定建立社会主义市场经济体制,从这以后,市场经济规律在各行各业中运行。渐渐地,高等学校也进行了大刀阔斧的改革,全国普通高等学校的数量减少62所,成人高校净减少510所,高校管理制度也已按市场经济的要求逐步建立,从而实现了教育资源的优化配置,明显地提高了办学效益。在市场经济体制下,高等教育资源配置方式呈现出自主性、开放性、非统一性三个特点。在计划经济体制下,政府是高等教育资源配置的主体,直接调控,结果必然是低效的;在市场经济体制下,市场是资源配置的主体,采用市场机制,间接调控,其结果必然是高效的。在建立社会主义市场经济体制的过程中,采用市场机制来配置教育资源是最好的也是唯一对我国高等教育有利的选择。

第三,影响高等教育服务价格的重要因素。高等教育服务的供求关系是影响高等教育服务价格的重要因素。高等教育服务的需求应该是有效需求,即具有支付高等教育经费能力的需求。影响高等教育需求的因素:(1)高等教育服务的效用;(2)个人的收入;(3)政府对高等学校的拨款;(4)市场规模;(5)对个人高等教育投资回报的预期值;(6)向大学生收取的学费;(7)高中毕业生人数;(8)人才市场供求状况。前五个因素与高等教育服务的需求呈正相关关系,后三个要素则呈负相关关系。影响高等教育服务供给的因素:(1)成本;(2)人才市场供求状况;(3)相关专业教育服务的价格;(4)高等教育服务价格;(5)政府的投资倾向;(6)同类高等学校的数量。前两个要素与高等教育资源呈负相关关系,后四个要素则呈正相关关系。高等教育服务供求变动对高等教育服务价格有何影响呢? 第一种情况是:假定高等教育服务供给不变,当高等教育服务需求增加时,高等教育服务价格上升;反之,价格下降。第二种情况是:假定高等教育服务需求不变,当高等教育服务供给增加时,高等教育服务价格呈下降趋势;反之,价格呈上升趋势。在一定条件下,政府在市场经济条件下要运用计划机制来调控高等教育发展,来确定高等教育服务供求平衡的价格和这个均衡价格中公费和自费所占的比例,以实现高等教育资源的合理配置。总之,在高等教育的市场化理论中,由于教育具有外部性,所以从事教育的管理者应具有前瞻性。同时,由于市场机制存在的缺陷和失灵现象,决定了政府要发挥在其中的调控作用;以及在引入市场机制的过程中,不能仅以经济标准作为判断标准,还必须用高等学校的特殊价值准则作为判断的标准。

第二节 大学教育资源优化配置的机理分析

一、大学教育资源优化配置的目标与实质

人类的生存发展离不开各种经济、社会资源,它们是人类赖以生存的基础,所以都具有稀缺性。教育资源作为一种必要的经济资源,它的优化配置问题一直是社会比较关心的问题。随着知识经济的到来,人们对于教育资源的需求越来越大,要求越来越高,但是教育资源的供给却是有限的,因此,实现教育资源的优化配置成为一个刻不容缓的问题。

大学教育资源优化配置的实质在于配置方式的选择,即选用何种方式能够使有限的资源利用得更加合理和充分,实现整体利益最大化。而这种配置方式又受各种因素的影响:经济发展水平、政府政策、学校规模、学校办学理念、学校类型等。经济发展水平程度高,政府对教育的扶持力度大,则教育资源更加充分,在分配时的灵活性更大。学校规模大,师生众多,对教育资源的需求会更大。如果学校的主要任务是教学,培养的学生素质高,那么就认为资源配置效果不错,是有效的。

对于教育经济资源的配置方式,许多学者各执己见。200多年前的亚当·斯密认为:一国的教育实施,如果直接由受到教育好处的人支付费用,恐怕也是同样妥当的。弗里德曼认为政府直接资助和管理学校的方法是不对的,他提出给学生们发放教育券的方法。世界银行教育专家马克·贝磊认为:免费教育不一定是一项好的政策,"在大多数情况下,它并不产生好的结果"。斯蒂格利茨说过,"许多关于教育和医疗的这些物品和服务在一些国家是由私人提供的,或者由私人部门和公共部门共同提供的"。教育资源配置的方

式可以是多元化的,并不一定是单一的。当然,政策和方法的制定要结合国家的教育实情。

资源配置的目标就是人们对教育资源进行配置所希望达到的效果。但由于资源配置的角度不同,它的目标也就不一样。从宏观和微观的角度出发,可以将资源配置层次分为两种。一种是站在整体的高度,将有限的资源分配到不同地区、不同产业,让每种资源找到最适合的应用领域和发展方向;另一种是站在具体的角度,即已经指定资源的运用领域与方向,让某一个单位或者产业充分有效地利用这些资源,实现资源利用最大化。

教育资源作为一种经济资源,从不同的角度看,它的配置目标也是不一样的。从微观看,它的目标是在教育资源已经确定的情况下,学校管理者运用自己的管理能力与知识,充分调动各方面的人力、物力、财力,在满足学校正常运行的同时,确保自己教学目标的实现,这就是资源优化配置的目标。另一方面,从宏观出发,如何让全社会的教育资源在各个不同高校、教育单位之间得到合理的分配,并且保证资源流向利用最充分的部门或者单位,这才是宏观层次上的配置目标。两种目标是相辅相成的关系,如果宏观目标得到很好的实现,微观目标也就容易达到。例如,如果政府支持西部地区教育事业的发展,那么西部地区的学校受相应政策的扶持与资金的援助,教育事业会发展得更快。但是,这是一个包含概念,由于高校教育资源受限制,如果出现分配不公平现象,一定会影响到每个高校教育资源的利用情况,如果资源流向规模小、利用效率低的学校,势必会造成教育资源的极度浪费,造成社会效益的降低。相反,如果分配公平,高校通过扩大规模和进行内部教育体制的改革,不断提高自己的办学效益与质量,那么教育资源也会得到充分的利用,利用率不断提高。

经济资源的配置,在商品经济时代,无论在哪一种经济制度下,都有一定的规律。教育资源的优化配置也不例外。配置目标的实现需要通过一定的价值评判标准来判断。帕累托提出了一种经济社会资源配置的价值评判标准，突出了效率与公平的原则。帕累托改进是一种动态变化，是指在没有使任何一个人情况变坏的前提下，至少使一个人的情况变好，这种情况使一部分人的社会福利有所增加而且没有以牺牲他人的利益为前提，是可取的；帕累托最优是指在不减少一方福利的情况下，就不可能增加另外一方的福利，已经没有任何帕累托改进的余地，此时认为资源配置的状态是最佳的。另一方面，要想达到帕累托最优，必须通过帕累托改进一步一步实现。帕累托最优是公平与效率的结合体。

另一种价值评判标准是"兰氏定理"，即"边际收益等于边际成本"、"平均成本最低"。兰氏定理可以被看作是另一种判断经济资源配置是否达到最佳状态的客观标准。它认为当一个企业或者厂商的边际收益等于边际成本时，它的产品平均成本最低，所以就认为此时资源配置效率最大；反之，则没有达到这一效果。但是，由于这些理论的成立假定条件太多，过于严苛，在现实生活中几乎难以找到这一理想模型，所以在实践过程中，只能以该理论为指导，根据具体问题具体分析的原则去实施政策和解决实际生活问题。

二、影响大学教育资源优化配置的因素分析

对于教育资源的定义，学者们各有释义，众说纷纭。人们通常所说的教育资源，实际上指的就是教育经济资源。教育资源不仅仅指的是进行教育活动所花费的物质资源，它是指在进行教育活动的过程中，所有投入的人力、物力和必须花费的财力。教育资源的产生涉及各个个体与群体，不论是国家、企业、个人，都是与其息息相关的。与教育资源相关的是教育产业，如果教育产业蓬勃发展，为社会和个人带来巨大收益，那么社会对教育资源的关注度就会增加，出于投资收益率高的目的，教育资源也会更充沛。国家实力强，对教育的扶持力度大，不管是在财政支持方面还是在对高等教育的

实施者的培养方面,都对教育资源的优化配置有着重大影响。

在欧美,大部分国家对教育非常重视,当然这是有其历史根源的。在资本主义发展早期,法国、德国等国家就认识到教育的重要性。在亚洲,日本的"明治维新"是效仿西方并且认识到教育是国家兴旺繁荣的根本动力而作出的改革。所以,在这些国家中,由政府作强大后盾,教学基础设施、教育水平,以及教职工的薪酬都是比较高的。一句话,要想教学资源得到优化配置,就得保证教学资源量的充足,当然不是说教育资源的无限供应,这也是不可能的,而是尽量满足整个社会对教育资源的需求的一个量。只有"蛋糕"充足,才能进行下一步的"分蛋糕"。

在商品经济时代,教育资源是被作为一种"商品"来对待的,而商品在市场上,就会受到市场价值规律的影响。市场出清是一种很好的商品市场状态,就是说产品供给和需求达到平衡,这当然是实现资源优化配置的良好方式,教育资源亦是如此。但是在现实生活中,教育资源的需求和供给总是不平衡、不一致的。现有的教育资源始终不能满足不断增长的教育需求,即使是基础教育都已实现了义务教育,按理说这方面的供给和需求是平衡的,但是,在某些地区,两者失衡是常见的。对于非义务教育来说,以高等教育为例,教育资源需求和教育资源供给不平衡是普遍、正常的现象。

导致这种不平衡的原因主要有两个:(1)教育资源的短缺。比如义务教育,政府是以分配公共产品的方式来服务社会的,费用的减免使得该需求大大增加,这不仅仅是数量上的增加,还伴随着提供方式的大量增加。加上区域之间教育发展的基础本就有差距,短期内要达到相同的目标,某些地方的教育资源就显得不足。对于非义务教育而言,高等教育在短短几年的时间进入"大众化",社会对高层次教育的需求不断增加,但是教育资源却不能现存,从而造成明显短缺。(2)结构的不合理。在义务教育方面,主要问题是学校设置与师资力量的配置,不仅是专业老师的配置不平衡,而且教师的受教育水平都不平衡。对非义务教育来说,相对的不平衡是正常现象,它是随着市场的变化而变化的,但就一个区域而言,严重的不平衡体现的不是结构的不合理,而是总教育资源的短缺,所以需要有计划有步骤地增加各方面的投入,增强供应能力。

影响教育资源优化配置的还有另外两个重要因素:公平与效率。教育资源分配的公平原则就是指人们享受教育服务机会的公平。在分配教育资源时,各高校、教育机构的各部门、各专业之间教育资源分配要合理公平。虽然研究者们都认为教育服务要公平,但对公平的价值取向标准及具体实施举措却有分歧和争论,很难统一标准。

讨论高等教育资源分配的公平原则,应该从高等教育服务的本质属性,即以教育性为核心的使用价值属性出发。高等教育相对于基础教育而言,自然不是必要的生活资料而是发展资料,它是人们追求更高层次的自我精神的体现。在我国,每个公民都有发展的权利和机会,以及实现发展目标的道路和方式。1996 年通过的《国际经济、社会和文化公约》第 13 条规定"所有人应该根据各自的能力,享有平等的接受各种形式的高等教育的机会"。高等教育资源服务是一种发展资料,应当在一定的条件下享受,这种条件就是社会公平价值的取向与标准。通过国家统一组织的考试的筛选是一种标准,但是起点是存在争议的,我国高校招生统考的录取分数线全国一致和不一致,都会造成不公平。教育发展较落后、经济发展水平较低的地区,都会在统一和不统一的录取线的制度下,产生不公平。从恢复全国高校招生统考至今一直采用分区划定录取分数线的做法,目的就是减轻由于地区教育水平差异所造成的受教育机会的不平等,但是不可否认的是,地区间的教育资源服务仍然存在较大的不公平。

随着义务教育的免费,社会上越来越多的人呼吁逐步实施高等教育的免费。当然这种呼声主要来自于农村家庭,因为高等教育的成本目前还是比较高的。但是,这种呼声越来越受到质疑,特别是 20 世纪 80 年代以后,高等教育收费几乎成为全球公认的做法。马克·贝磊认为,对高等教育实行补贴,实际上是在给富人更多的支持,减少穷人的受教育资源。政府一直很关心高校收费问题,而且高校的主要经费来自于政府,高校自身所做的努力是有限的。所以,重要的是政府和社会一起努力,各种社会力量团结在一起,使不同收入的家庭在成本分担上做到合理,让更多的学生享受到受教育机会均等的权利。

教育资源分配公平的实现,是需要效率来保证的。教育资源分配方式的"效率"是要通过资源配置来实现的。如果存在一定的资源配置方式能够使各方面的参与者有较高的受益比率,那么就认为这种资源配置方式的效率是高的,是比较科学的。教育资源和其他产品、服务一样,在有效率的制度下,其使用价值会得到更充分的实现。教育资源的分配方式会影响社会人才资源的配置。教育资源流向侧重的领域,会生产出不同的专业人才,这对整个社会、经济、科技、文化以及生活有着重大的意义。所以在实现资源优化配置的过程中,都会把效率原则与公平原则结合起来,全面看待,不忽视任何一面,避免造成教育资源的浪费。公平与效率看起来确实存在很大的冲突,许多经济学家、教育学家试图把两者结合起来创造出更大的社会价值,有时候盲目地为了创造更高的教育分配效率而忽略了公平,或者牺牲效率增加公平。公平与效率在一定程度上是此消彼长的关系,有时候为了更多体现公平,可能以牺牲效率为代价,有时候为了提高效率不得不牺牲公平。现实生活中难以找到一种完美的解决方法既实现公平又提高效率,所以两者应该相互妥协,以达到双赢的效果 ,这样教育资源的优化配置才能更好地实现。

三、大学教育资源优化配置的动力分析

教育资源和其他的产品或者服务一样,从来都是以一种有序或者无序的方式进行分配的,不管是以政府为主导的非市场方式分配

还是以市场为主体的方式分配。从 20 世纪中叶开始，世界经济发生了第三次新的技术革命，尤其是以数字化、信息化为代表的技术革命，开始了知识经济时代，引起了全世界的普遍关注，各国越来越注重教育，并且致力于把有限的教育资源利用得更充分合理。近年来，我国高等教育经历了一场又一场的改革，教育体制的改革更显突出，包括管理体制、办学体制，以及招生章程的制定都有明显变化。教学体制也在转变，包括不同学科的学习，专业、课程的挑选等。陆广平和吴怡兴于 2000 年在《教育与现代化》杂志上发表了《论高校经济体制改革》一文，指出"高等学校向产业化体制机制转轨，这是改革的方向和出路"。1993 年国务院下发了《中国教育改革发展纲要》，2010 年制定并实施了《国家中长期教育改革和发展规划纲要（2010—2020 年）》，而这些年师资力量的组建也凸显出我国对教育的重视，但归根结底来说，改革的实质与教学资源的配置有关。随着人们对于高等教育这种发展资料的迫切需求，高校学生的人数不断上升，但是固有的教学资源在短期内没有增加很多，即对高校教育资源不断上升的需求大于教学资源的供应，在这种形式下，人们越来越认识到，要使有限的高等教育资源得到更合理、有效的利用，关键是要通过资源优化配置来实现。

中国的高等教育与世界高等教育有一些相同之处，但同时也有自身发展的矛盾。从经济的角度看，教育产业作为重要的产业之一，越来越市场化，学校的自主权应该加强，但是因为发展不成熟，大部分的权力依然掌握在政府手中，这是矛盾之一。矛盾之二是各产业、部门的通病，即某些机构人员冗繁，但某些部门人员短缺。其三是资源不足与经费浪费的矛盾……

四、大学教育资源优化配置的运行机制

教育资源属于教育产业的一部分，它的运行过程和其他产业一样，有着自己的运行机制，因此，必须选择和确定一种完善的机制，

使其运行能持续和有效。教育资源配置机制的运行,受各种因素的影响,如人力资源、物力资源、财力资源、信息资源等,各种因素相互交错,支撑着机制的运行。人力资源是办好高等学校的关键因素,它包括教学人员、科研人员、行政人员、后勤人员等。物力资源主要涉及教学设备、教学楼、图书资料等。经济基础决定上层建筑,财力资源的来源主要是国家投资,学校日常生活的运转和发展都离不开资金的支持。信息资源主要是指当今世界的新思想、新文化、新概念,它属于一种智力资源。大学教育资源要素之间是相互联系、相互促进的,但是各要素所起的作用是各不相同的。

人力资源是大学教育的关键。试想:一个大学里没有教育工作者,没有学生,没有后勤工作人员,这个学校根本无法运转下去,更别提资源配置。师生资源相当于"机器"的主要材料,后勤人员相当于机器的零部件,缺少任何一部分都是不可以的。学校管理者应当重视对人力资源的管理,一方面发挥各人才的才能,人尽其才,提高资源利用率;另一方面,加强人力资源的培养与开发,挖掘他们的潜能,使他们更好地为教学、为学校、为社会服务。

物力资源是大学教育的基础。教学活动的开展,人才计划的培养都需要一定的物力作铺垫。教学活动的开展需要有教学楼,需要有教学设备,科研活动也要有图书资料的辅助……有再好的人力资源,没有物力资源辅助,教育也无法产生价值与效益。由于物力资源的紧缺,大学应该尽量减少浪费。

财力资源是学校各种资源的货币体现,是大学教育的保证。教师的工资、职工福利费、社会保障费、教学设备的维修、教学大楼的扩建、教学补助金等费用的支出都是必要的,教学经费支出结构反映出教育资源利用率状况。教育机制的运行,需要各种资源的相互协调配合。

教育资源优化配置机制的运行,必须处理好以下几个方面:

(1)我国现阶段高等教育管理体制改革主要是合并、合作,通过重组来实现教育资源的高效利用。但这只是基础的一步,更重要、更核心的是实现教育体制的改革。正如经济体制的改革对中国发展的重要性一样,教育体制的改革创新同样不容马虎,但这一点却经常被人们忽略。长期以来,我国高校内部管理体制存在内部灵活性缺失、市场竞争意识不高的现象,这已经越来越难以适应市场经济和现代教育的时代要求。20世纪80年代以来,少数高校开始探索校内管理体制的改革,90年代,新一轮的内部调整与管理也在逐步进行,主要是以人事变动为主,这种改革的主要目的是处理好人、财、物等教育资源的合理配置问题,建立健全学校管理运行机制,使办学效益更高。党的十八届三中全会也对"教育领域综合改革"提出了明确要求和实施路径。

体制创新也是势在必行之举,随着高校合并、重组的进行,某些高校存在机构冗杂的现象。行政机构的"庞大"、后勤人员的"臃肿"已是屡见不鲜,所以有必要对这一类机构进行精简,改变原有管理和运行机制。同时,也只有通过创新才能建立符合不同高校发展需要的内部管理模式,每个高校都有符合自己实际情况的管理机制,而内部体制改革就是实现高校个性化发展机制的途径之一。

(2)教育资源优化配置的运行机制还要注重处理好分配的效率与公平原则,这一点在前面也已经分析过。20世纪90年代以来,我国对高等教育经费的分配方式进行了改革,现在主要是根据学生平均培养成本、学生人数,以及学校发展的特殊要求划拨的。新的分配方式和过去的分配方式相比,在透明度和公开性方面已经有了明显的进步,这是符合市场经济的客观要求的。但是,单纯的以学生数量、学校规模为衡量标准未免过于粗糙,不能完全反映高校成本状态,也没有考虑学校教育质量和办学效益,会被人误解为哪个学校规模大,学生人数多,那么所获得的教育经费就多,这种分配方式看似公平,其实是以牺牲效率为代价的。另外,高校盲目地追求规模的扩大,在大学新校区、大学城的建设过程中,有着盲目跟风的嫌疑,有的学校利用国家对教育用地的优惠政策,大量圈地,造成社会资源的浪费。同时,重复建设的现象也时有发生。

(3)管理者的管理理念对于资源配置机制的运行也有重大影响。管理者的资源配置效率意识不高会影响到高校的可持续发展,因此,高校管理者要具备长远的战略目光,从长远发展的角度去思考高校生存与发展的种种问题。当然,教育机制的运行是一个复杂的过程,远远不止这些问题。

教育资源优化配置机制的运行是为整个教育产业服务的,是为广大受教育者服务的,也是为整个社会服务的。在知识经济时代,教育产业的收益性随着人们对知识需求的增加而日益明显,只有对高校发展明确定位,突出重点,将人力资源摆在学校资源配置的第一位,同时不忽略对教育质量的追求,教育资源配置机制才能正常有序地进行。

本章小结

对大学教育资源进行优化配置是基于一定的理论基础的。本章在描述资源配置的人力资本理论、劳动力市场分层理论和市场化理论的基础上,分析了这些理论在优化大学教育资源配置中所起的作用。通过对大学教育资源优化配置的影响因素、大学教育资源优化配置的动力和大学教育资源优化配置的运行机制进行阐释,分析了大学教育资源优化配置的机理,为提出优化大学教育资源配置模式和战略奠定了基础。

第三章　大学教育资源配置要素

第一节　大学教育资源的内涵及特性

一、资源与大学教育资源

资源是一个经济学概念,是指用来进行增值的财富,包括自然资源和人力资源。作为资源,与其他有用物质的区别在于具有增值性,即资源利用者通过把有价物质投入到生产过程中,可以获得更大的价值。随着社会发展和科学技术的进步,资源概念不断地被许多领域所运用,资源的范围也在不断拓宽,如时间、信息这些非物质实体,也逐步被纳入资源的范围。

教育资源一般指的是教育活动中投入的所有的人力、物力和财力的总称,它是一个宽泛、模糊的概念。随着社会和教育的发展,教育资源的范畴也在不断拓宽,时间、信息以及校名等隐性资源也逐渐成为学校的一种资源。总的来说,教育资源可以分成两类,一类是物质资源,也称物化资源,主要是以物质为基础,包括教育资源应有的物力、人力和财力等;另一类为非物质资源,也可称作非物化资源,主要是在物化资源的基础上存在的一种无形的教育资源,包括教育时间、信息和其他无形资产等方面。而教育资源则是这两种资源的一个综合体,因而,教育资源也是一种组合资源。

大学教育资源是指确保大学教学、科研等活动有效运行而使用和消耗的人力、物力和财力。其中,高校人力资源主要指的是高校的教职工和高校学生。高校教职工包括教学老师、教辅老师、行政管理人员等,教职工的数量和质量能够在一定程度上反映出高校的人力资源水平。高校财力资源一般以货币化的形式表现,主要包括高校的固定资产等资源。时间在高校中也作为一种资源的形式,主要有两方面的特征:一是时间就是金钱,时间就是生命的瞬间性特征;二是时间的不可再生性特征。虽然说时间是无限的,但是高校教师和学生的时间是有限的,因此,在高校的发展过程中,需要抓住时间机遇快速发展。大学的教育,不仅要掌握外部信息来制订学校教育发展、人才培养和校园稳定规划,更要掌握高校内部信息,以便能够正常开展高校的日常教学和科学研究工作,维持好学生生活各方面的秩序。高校的无形资产是高校教育理念的体现,主要涉及高校品牌建设、高校校风和学风建设以及高校特色教育建设。在过去,高校的无形资产往往被人们所忽视,但随着社会不断进步,人们观念不断更新,高校无形资源将不断被重视。一旦高校的无形资源被认知和认可,我们就既要有效保护,又要充分利用。

二、大学教育资源的特性

对于大学教育来讲,无论是物化资源还是非物化资源都是非常重要的,缺一不可。纵观高等教育发展历史,大学教育资源具有以下几个方面的特性:

1.大学教育资源的稀缺性

无论是古代的高等教育、近代的高等教育,还是现代的高等教育;无论是世界上经济发达国家的高等教育,还是经济发展中国家的高等教育;无论是精英阶段高等教育,还是大众化阶段高等教育,从整体性讲,高等教育资源是不足的,与其他资源一样具有稀缺性。不过,在不同历史时期,在不同经济体制的国家,在不同类型的高校,高等教育资源的稀缺程度是不相同的。如精英教育阶段教育资源的稀缺性就没有大众化教育阶段明显,发达国家高等教育资源的

稀缺性就没有发展中国家突出,重点大学、知名学府教育资源的稀
缺程度要比一般院校低。这是因为教育资源数量多少、质量高低,
是与社会生产力发展水平密切相关的,不仅要受社会经济、政治、科
技发展的制约,而且要受高等教育发展水平的制约。现今,为了能
够保证高校的正常教学和科研,保证教育人才有效供给,世界上许
多国家的政府制定了许多政策,如加大高等教育经费投入、进行高
校体制改革、筹集资金等,以吸引更多的人才。然而,整体而言,大
学的教育资源是有限的,它是一种稀缺资源,这种状况并不能在短
时间内发生较大的改变。所以,有效配置大学教育资源,提高大学
教育资源的利用率,是当今各高校急需解决的重要问题。

2.大学教育资源的变动性

从高等学校发展历史可以看出,大学教育资源具有变动性。今
天是一流的资源明天可能成为三流的资源;反之,三流的资源将来
也可能变为一流的资源。无论是教育资源的数量,还是质量,都是
一个动态的过程。在大学成立早期,其主要职能是传授知识,培养
统治阶级需要的人才。世界上最早的高等教育资源主要以人力资
源为主。中世纪的大学既没有图书馆,也没有实验室,甚至连教室
都没有,教师给学生上课的时候一般是在家里或者在教堂里面,有
时甚至会在街道旁边①。中世纪大学在许多方面不同于现代大学,
供学生利用的物质设施远远没有现代大学先进,入学要求也没有现
代大学严格,不仅学生人数少,而且学生辍学率高。中世纪大学的
学生可以自由地从一个大学转到另一个大学。到了近代,随着社会
经济与科学技术的发展,大学教育获得了快速发展。随着 19 世纪
初德国洪堡对柏林大学的成功改革,美国南北战争后赠地学院、研
究型大学、初级学院的出现,高等教育结构与大学职能发生了很大

---

① 贺国庆,王保星,朱文富,等.外国高等教育史[M].北京:人民教育出版社,2003.

变化。大学的职能有很多,主要可以分为两种,一种是以教书育人为主的知识传授职能,另一种是以科研为主的知识创造职能。随着大学职能的变化,大学的资源构成也逐渐发生了变化。就人力资源而言,以往大学的人力资源一般用于教学,而现在大学的人力资源可以分为教学、科研、管理和服务等方面。就大学的经费来源而言,既包括政府的拨款也包括社会捐赠。随着大学人力资源的变化,大学的物质资源构成也在不断地发生变化,比如固定资产,如今高校的固定资产不仅包括专门的教室、图书馆和实验室,还包括专业的先进仪器设备等。随着现代信息社会的到来,科学知识与技术在社会发展中起着日益重要的作用,于是科技知识与智力慢慢成为社会发展的一种资本。大学是科学知识和技术的开发地,所以,科技知识、科技成果开始成为大学的重要教育资源。到了现代知识经济时代,社会经济发展对人力资本的依赖性已远远超过其他物质资本,对高素质创新型人才的需求更加迫切,于是,人力资本越来越得到社会重视。就高校而言,人力资源在教育资源中的地位越来越重要,高校的教师资源成为现代高校教育资源的核心资源。高校教师担负着培养学生的使命,决定着社会人力资本存量。同时,高校教师的劳动具有智能性和创造性,因此,高校人力资本的高智能要素占有绝对大的比重。近年来,随着经济社会和高等教育的发展,高校的品牌、声誉、校风、学术氛围等无形资源逐渐成为大学的一种教育资源,开始被人们所认识与利用。

从上面的分析可以看出,大学教育资源的变化与社会经济的发展密切相关,与高等教育的发展也紧密相联。大学教育资源要素是随着社会发展不断增加的,其构成也日益复杂。

3.大学教育资源的流动性与共享性

大学教育资源不仅具有变动性的特点,而且具有流动性特点。它不仅可以在校内流动,而且可以在校际间流动。随着知识经济社会的到来,网络信息技术的飞速发展,社会与大学关系的日益密切,校际间和国际间合作不断加强,知识国界不断被打破,大学教育资源的流动性更为明显。不仅知识与人才资源可以流动,而且一些物力资源如实验室、图书资料等可以互用,一些财力资源如科研经费、科研成果等可以共享。如今,人才流动和自主择业已经成为当前社会的发展趋势,资源的共享也成为世界发展的潮流,经济利益和社会地位以及生存环境都驱动着人才的流动。人们都会向往更好的生活,向往更好的工作环境,向往更好的发展机会,在市场经济条件下,高校的教师也是理性人,他们会利用自己人力资本的储备优势,为自己的流动增加筹码。因此,人力资源具有较大的流动性。当然,人力资源具有流动性的同时,也具有一定的共享性,即人的知识、技能可以被多家单位重复使用和所有。由此,一些用人单位提出"柔性"引进政策,对人才不求所有,但求所用,这是专门针对人才资源利用而创新的一种制度。

4.大学教育资源具有可再生性与不可再生性

大学教育资源是一种综合性资源,既有可再生性资源如高校人才资源,又有不可再生性资源如时间、资金等。在一定程度上,高校的人才资源是一种可再生并且具有时效性的资源,其可再生性体现在人才资源可以不断地更替;而高校人才资源的时效性则体现在高校人才储备如果不加以利用,将逐步老化,在使用过程中也会因为知识的老化和人才劳力的老化而逐步消耗。因此,高校的人力资源需要进行一定的维护,并时刻补充被消耗的人才资源。加强高校教师培训,这也是高校人才资源可再生性的一个体现。现代信息和技术更新速度非常快,作为高校的人力资源,只能通过不断地学习来保持自身人力资本的保值和增值。比如,一名大学教师在学术上的造诣或突破只能说明他在这个时期人力资本的积累比较好,然而如果他不与时俱进,不去不断地充实自己,不去不断地跟踪学科前沿和创新,那么他的个人人力资本的价值将随着时间的推移而不断下降。时间是一种不可再生的资源,人的生命有限,对高校人力资的贡献也是有限的。因此,我们认为高校的人力资源是一种不可再生的资源,其具有不可再生性。例如,一所高校由于某一个管理决策的失误,可能会导致这所高校的发展停滞,相对于社会的发展,这种停滞便是倒退,这就意味着高校的人力资源将被浪费,而师生将不断地浪费时间资源。因此,在当今社会飞速发展、教育经费紧缺的情况下,大学必须利用好这些资源,一旦失去,将永不再生。

三、资源配置与大学教育资源配置

资源是指在经济社会发展过程中所需的物质资源的总称,是经济社会发展的必要条件。物质资源都具有一定的稀缺性,资源配置是在相对稀缺的资源选择中进行比较而做出的较优的一种选择的过程。资源总是稀缺的,而人的欲望却是无限的,如何合理地利用相对稀缺的资源以在现代经济社会发展中获得最优的效益,将是资源配置的根本目的。资源配置得合理与否,将是一个国家或是社会团体发展成与败的重要影响因素。

经济机制是社会资源配置的动力机制,为了实现资源投入的最佳收益,对于不同层次的经济实体进行资源配置是非常有必要的。资源配置能够同时实现不同经济实体的利益,因而,以实现不同经济实体的利益而形成的机制便是它们进行资源合理配置的动力机制。在进行资源合理配置的过程中,需要及时、全面地获取相关的信息作为依据,而信息的收集、传递和分析都要通过一定的信息渠道,最终加以利用,因而,资源配置需要信息机制。同时,资源的配置还需要决策机制,需要构建权利体系。在不同的权利体系下,将形成不同的资源配置决策机制。

如何合理地利用高校的内部、外部资源以使高校快速发展便是大学的资源配置过程。高校资源包括人力、财力、物力资源,只有使这三者达到一个协调的状态,才能真正坚持高校的可持续发展。但我国高等教育起点较低,起步较晚,发展较慢,发展过程中存在着不同程度的问题。其中,资源配置不合理、使用效率低下是需要高度重视的问题。

有效的资源配置是实施高等学校发展战略的基本保障,同时,资源配置的机制和方式又是加强高校管理的有效调控手段。高校资源配置状况与使用效率的高低直接影响着高等教育的发展。如果一个学校的资源配置不合理,使用效率低下,就会丧失竞争力,导致学校发展停滞不前,也难以实现学校的可持续发展。我国高等教育资源从总体上看一直处于稀缺状态,因此,高校资源的合理配置异常重要。

第二节　大学教育资源的构成与配置要素的相关性

一、大学教育资源的构成

大学教育资源作为一种组合性资源,其构成主要有两种:一是有形资源,二是无形资源。所谓有形资源是指客观存在的有形物体,如人力、财力、物力资源等;无形资源则是指无形但最终能物化或使原资源增值的资源,如情报、项目指标、科技成果、智力等。无形资源配置一般要以有形资源作为"载体"。依据不同资源在大学教育活动中的作用,一般可将大学教育资源分为以下几类:

1. 人力资源

高校的人力资源一般是指高校投入到教育工作中的教学人员、科研人员、行政管理人员和后勤工作人员等。高校人力资源决定着一所大学的好坏。从广义上讲,高校人力资源还包括学生,因为高等学校服务的对象是有主观能动性的人——学生。学生的先天素质、学习动机、努力程度和入学条件等直接影响教育活动的效率。但由于学生一般处于消费者的位置,所以,在研究高校人力资源的配置时一般没有考虑学生资源。

高校教学人员和科研人员是高校人力资源的中坚力量,他们的整体水平代表了高校教学科研的水平。同时,高校人力资源中还包括了管理人员和教辅人员,他们也是高校人力资本中不可或缺的组成部分。大学人力资源是智力密集型资源,因此,在高校人力资源的结构配置过程中,需要合理优化教学、科研与管理、教辅这两部分人力资本的比例。

2. 财力资源

高校的财力资源是指高校以货币形式存在的大学教育资源,主要是资金资源,包括国家教育经费和社会私人或团体捐赠,也有一部分属于学生学费。当然,一般高校的财力资源仍以国家经费为主。高校的财力资源主要用途是支持高校正常活动和发展,其主要以个人消费和公用消费两个方面的消费为主。其中,个人消费包括高校教师、科研人员、管理行政人员等的工资、福利、奖金等,也包括学生的奖学金、助学金等;而公用消费包括设备购置、校园建设、公务费、出差补助等方面的费用。

3. 物力资源

高校的物力资源是指以实物形式存在的高校资源,主要包括学校的土地、建筑、实验设备、图书资料等物资资源的综合,高校的物力资源可以分为固定资产和低值易耗物品两大类。高校的固定资产一般是指高校物力资源的主要组成部分,是高校在较长的时间内会使用的所有物质资料的总和。按照国内现行会计制度的规定,固定资产是指使用期限在一年以上,在使用过程中保持原有的物质形态,且单位价值在单位规定限额以上的物资资源。高校规定,一般设备单位价值在 500 元以上,专用设备单位价值在 800 元以上的为固定资产。对于高校而言,单位价值没有达到标准,但耐用时间大于一年的物资资源,如图书资料等也被称作高校固定资产。另一类低值易耗物品也属于高校物力资源,包括实验用品、各类材料、低值实验仪表等。为能有效地开展高校正常的教学科研工作,保证人才的培养,高校需要占有一定的物力资源,然而资源是稀缺的,高校必须提高物力资源的使用效率,减少物力资源的浪费。①

4.学科与专业资源

学科与专业资源是高等教育资源的重要组成部分,也是大学教育资源的特色所在。一个高校的学科水平和结构、专业水平和结构是一个高校的主体和特色,它是其他物力、财力等资源所不可替代的,是其他各个资源要素的统率要素,其他资源只有在学科与专业资源的基础上才能发挥作用。相反,如果一个高校的学科与专业水平低下,则会造成人力和财力的浪费。因为高校的学科和专业优势并不是人力、物力资源所能积累起来的,它是要靠高校在长期的办学实践中逐步积累形成的。而在一定条件下,高校的学科与专业优势也可以转化成物力资源,即高校的学科与专业优势越强,该高校其他资源优势也将会越强。因为高校有较强的学科与专业优势能够在一定程度上吸纳其他资源要素,并发挥作用。同时,高校学科与专业需要一个合理的结构,即要优化学科与专业结构,以适应专业方向对当前社会发展、科学技术发展方向和市场的需要,构建刚性和稳定的专业与学科结构,并使其具有较强的弹性和适应性。这种弹性和适应性能够较好地适应科学技术的发展和社会经济的建设,能够顺应社会、经济、文化、市场的需求变化。

5.信息资源

信息资源是高校资源的基本资源之一,属于知识或智力资源,主要包括新知识、新思想、新概念、新文化、新技术等。随着信息产业(第四产业)的兴起,人类将进入高度信息化时代,信息资源在高

---

① 李福华.高等学校资源利用效率研究[M].北京:北京师范大学出版社,2002.

校诸多资源要素中的地位也日益重要。大学作为社会信息开发、服务、加工、固化的重要"基地",其在未来信息化社会中扮演着越来越重要的角色。大学通过教育,能够将有用的信息固化到受教育者身上,使其成为社会有用之才。这些都需要强大的信息资源储备,这些信息资源储备,也就是高校的信息资源。

6. 市场资源

市场资源也是大学教育资源的构成要素之一。随着经济社会的发展,大学已经由原来单纯的人才培养模式发展成了产、学、研相结合的特殊办学模式,即大学现在的职能包括人才培养、科学研究、服务社会和文化传承创新,这四项职能也构成了现代大学教育的基本格局。高校的人才培养主要面对的是高校的生源市场和毕业生市场。就生源市场而言,学生选择进入高校学习深造属于一种个人投资行为;而毕业生市场,是满足社会对人才的需要。当然,所谓的大学市场资源不仅仅只包括大学的生源市场和毕业生市场,还包括高校科研产品的技术市场和产品市场。

7. 声望资源

高校的声望资源是高校的无形资产,表现在高校的知名度上,也是高校教育资源的组成要素之一。因此,高校需要通过加大自身建设、增加综合实力来提升自身的知名度。知名度高的高校在一定程度上也更能够吸引其他更多的资源,形成资源优势。

二、大学教育资源配置要素的相关性

大学教育资源要素之间是相互联系、相互促进的。图 3.1 所示为学校资源分类及效益指标。

从图 3.1 可以看出,大学教育资源构成是比较复杂的,各要素之间是相互关联的,但各自所起的作用不同。

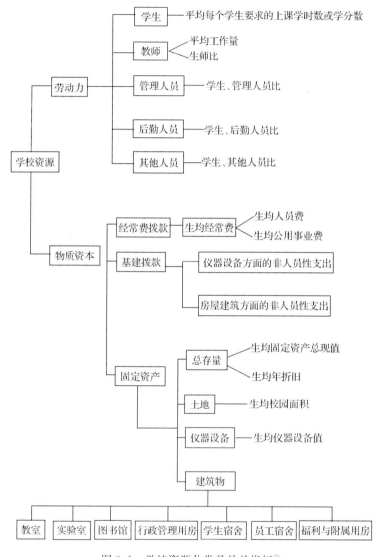

图 3.1 学校资源分类及效益指标①

① 辛冬云.高校教育资源使用效率评价指标体系[J].中国地质教育,2000(2):61.

1.人力资源是大学教育的核心

人力资源的能动性、可变性和组合性特点决定了它在大学教育中的核心地位。人才是最重要的资源,是学校发展的关键要素。教师是大学教学、科研的主力军,教师的质量成为决定一所大学好坏的主要因素。行政管理和后勤人员则是大学的骨与肉,尽一切可能为教学科研人员提供好的环境和支持。在大学中,学校领导必须重视人力资源的管理:一方面必须加强对人力资源的合理利用,做到人才尽其用,提高利用效率;另一方面必须加强人力资源开发,充分挖掘其潜力。只有这样,才能充分发挥学校人力资源的作用。

2.物力资源是大学教育的基础

为保证大学教学、科研活动有效开展和人才培养质量,大学教育必须占用一定的物力资源,这是大学发展的基础。没有物力资源的大学教育是不存在的。学校办学必须有校园,教师上课必须有教室、教材,教师进行科研必须有实验室和仪器设备,学生学习必须有教室、图书馆和实验室等。如果没有一定的物力资源作基础,再好的人力资源也无法发挥作用,产生价值与效益。因为人力资源创造财富必须在一定的组织环境中,同其他形式的资源,如设备、信息、资金等结合才能进行。所以,高校的建设需要投入一定的物力资源并将其优化利用,减少资源浪费,因为资源是稀缺的,需要合理地配置资源。

3.财力资源是大学教育的保证

大学财力资源是学校各项资源货币化的集中表现,它是学校开展一切活动的保证。无论办什么类型、层次的学校,都必须支付一定的经费,既有事业性经费支出和基础建设支出,又有高校教职工的工资、福利、保障经费及学生的奖学金、助学金等的支出,还有一定的公务支出、业务支出和设备支出等公用经费支出。教育经费支出的结构能够直接影响教育质量,它在一定程度上能够反映教育资源利用的效率,从财力上反映教育资源配置结构和消耗量。比如说高校的事业经费支出较高将会降低基础建设支出的比例,从而造成学校建筑物破旧,试验设备不足或老化,导致高校教学质量的降低;而如果高校的人员福利支出较高将降低公务费用的支出,造成大部分教育经费用于支付教职工的工资福利,正常的教学科研活动就难以开展。因此,保证一定的财力资源,并保持经费支出结构的合理性,对任何一所大学来说都是非常重要的。

4.无形资源是大学教育的支撑

办大学不仅要重视人力资源、物力资源、财力资源,同时还要重视一些无形资源或隐性资源。无形资源是大学发展的一种支撑力量。世界一流大学,不仅有一流的人力资源、物力资源和财力资源,而且还有一流的无形资源,如学校声誉、校园文化、品牌专业、课程和科技成果等。这些无形资源在学校生源市场、劳动力市场和科技服务市场上都发挥着重要作用。所以,任何一所大学都不可忽视对学校无形资源的开发、利用和保护。

本章小结

大学教育资源配置一直是人们关心和研讨的课题,但在现有文献中对大学教育资源本身进行分析的比较少。本章在对大学教育资源进行界定的基础上,总结分析了大学教育资源的四大特性,即稀缺性、变动性、流动性与共享性、可再生性与不可再生性。大学教育资源包括许多要素,既有有形资源,也有无形资源。大学教育资源与社会、经济、科技发展密切相关,随着社会、经济、科技的发展,大学教育资源的范围将不断拓宽。同时,大学教育资源的数量与质量变化又与高等教育发展密切相关。在不同的时期,大学教育资源的数量与质量是不一样的。比如,古代大学教育远远没有现代大学教育对教育资源的占有量大,质量规格也没有现代大学要求高。大学教育资源要素之间是相互联系的,但所起的作用是不一样的,彼此之间是不能替代的。其中,人力资源是大学教育的核心,物力资源是大学教育的基础,财力资源是大学教育的保证,无形资源是大学教育的支撑。

第四章　大学教育资源配置现状评析

第一节　国外大学教育资源配置现状与启示

一、国外大学教育资源配置现状

1.国外大学教育资源宏观配置状况

雷斯·威廉斯认为,"任何一所大学获得经费的方式都是在大学历史发展的关键阶段人们对高等教育的社会职能所持有的政治态度的结果。"[①]事实上,随着社会政治、经济的发展和高等教育自身的发展,大学教育资源(主要指经费)来源也在不断变化,并呈现出资金越来越紧张、配置模式和来源途径多元化的趋势。

(1)美国大学经费来源渠道变化趋势

①政府对大学的拨款处于相对减少的趋势:美国高等教育的政府投入来自于联邦、州、地方三级政府。但是近年来美国政府对大学的拨款逐步削减,州政府和联邦政府对高等教育研究机构的资助比例也大幅下降。

②学费处于增长的趋势:学费是美国高等教育经费的重要来源。近年来美国各高校的学费处于猛增的趋势,美国教育部公布的"大学收费透明清单"指出,受到各级政府削减对高等教育投入的影

---

①　伯顿·克拉克.高等教育新论:多学科的研究[M].王承绪,徐辉,郑继伟,等译.杭州:浙江教育出版社,1988.

响,四年制的公立大学的平均学费从 2008—2010 年已增加 15%;部分大学学费涨幅甚至达到 40% 或更多,并呈持续上涨的势头。

③捐赠收入比例有很明显的增长:捐赠收入是美国高校的一个重要经费来源,对私立高校来说更是如此。这一方面得益于美国的慈善事业;另一方面,美国开展大规模筹资运动的学校越来越多,筹得的资金数额也越来越大,并且呈明显增长趋势。美国教育援助委员会的报告显示,2011 年,社会对美国高校捐赠总额达 303 亿美元。

④销售与服务收入的比例没有明显的变化:销售与服务收入包括教育活动收入、医院收入和辅助企业收入三部分,也是美国高等教育三大重要经费来源之一。但这部分的收入变化幅度不大。

⑤美国大学科研经费在学校总收入中的比例:高水平研究型大学的科研经费收入在学校的总收入中占有很高的比例,例如:2001—2002 年度麻省理工学院为 50.9%;2002—2003 年度斯坦福大学为 36%。

(2)英国大学经费投入政策变化及经费结构

1997 年 7 月,英国高等教育调查委员会为解决英国高等教育的目标、模式、结构、规模、拨款面临的问题,提出了《学习社会中的高等教育》的咨询报告,或称"迪尔英报告",该报告对英国高等教育未来二十年的发展做了规划和预测,并提出多达 93 项有关英国高等教育改革的建议。

英国《学习社会中的高等教育》中有 22 项建议都是针对英国高等教育经费提出的,这些建议主张拓宽教育经费来源渠道,建立筹措高等教育经费的新机制。报告中关于高等教育经费的具体建议有:第一,进一步加大政府对高等教育经费的投入,高等教育投入经费要与 GDP 增长速度相匹配;第二,设法吸纳工业部分的经费用于高等教育经费的投入;第三,使接受高等教育的学生分担教育经费,结束学生免费接受全日制高等教育的历史;第四,合理利用教育经费,建立经费管理机制,提高高等教育经费的使用效率。

英国的大学除获得国家政府拨款外,还可以自主从其他各种渠道筹集资金,因为在英国,高等学校是一个独立的自治体。然而,对于大部分高等学校而言,政府的拨款占高校总教育经费的 40％左右,政府是英国高校经费最大的提供者。图 4.1 所示为英国 2000—2001 年度高等学校资金来源示意图。

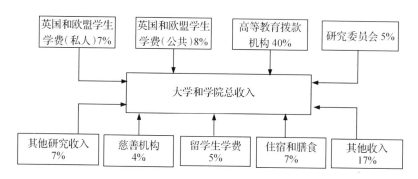

图 4.1　英国 2000—2001 年度高等学校资金来源示意图

资料来源:Funding higher education in England:HEFCE Guide,2002。

此外,日本的高等教育正迫切寻求高等教育资源配置的标准、方法及重点配置领域等。因为,日本在高等教育全球化、经济全球化及长期财政紧缩的背景下,日本高等教育财政支出长期处于停滞状态,而日本第二次临时行政调查会强调要抑制政府支出,积极引入社会力量,实施高等教育市场化政策。

总之,国外的高等教育资源配置主要可以归类为三种模式:政府控制——由政府对大学教育资源进行配置;市场调节——运用市场手段对大学教育资源进行配置;自主运营——大学依靠自身的经营自主配置。其配置方式逐步采用评估方式进行。资金来源途径多元化,政府拨款逐渐减少,学费收入大幅上升,捐赠收入增加,科研收入快速增长的趋势明显。

2.国外大学内部教育资源配置状况

一般来讲,对资金支出结构的分析,能反映出不同高校对不同资源的使用特征。然而不同的国家在资金的分类上存在一定的差异,有的国家运用会计分类的方法划分,而有的则按照资金的用途划分等。我们对国外主要发达国家高等教育经费内部资源配置状况的研究,也是能够对国内高校内部教育资源配置提供一定借鉴和启示的。

日本大多高校的人事经费支出占高校经费总支出的比例最高,且不同性质、不同类型的高校存在差异。例如国立高校的人事经费支出占高校消费性支出的 52%,而公立高校占了 56%,私立高校占的比例最高,达到了 65% 以上[①]。私立高校人事经费高的直接原因是私立高校教师工资待遇明显高于公立高校和国立高校。

在英国,高校经费支出的结构一般根据资金的功能进行统计,高校支出占的份额最高的是教学部分支出(表 4.1 所示为 1988—1992 年英国伦敦大学教育学院的经费配置结构),除教学部分支出外,英国的高校教育开支还包括研究款项和合同开支、教学服务开支、经常性教育开支和分别用于设施、管理和服务、师生设备、资本等的开支。

表 4.1　1988—1992 年英国伦敦大学教育学院经费配置结构(%)

项　目	年　份			
	1988—1989	1989—1990	1990—1991	1991—1992
教学部分	39.1	38.6	42.4	45.1
研究款项和合同	13.7	16.5	13.6	12.0
教学服务	5.8	6.0	6.2	6.6
经常性教育	1.7	1.7	1.6	2.2
设施	14.3	12.4	17.3	11.7
管理和服务	8.7	8.5	8.6	9.7
师生设备	7.5	7.6	7.5	8.3
资本	1.4	3.0	1.3	3.1

资料来源:Institute of Education, University of London, 1992, P76。

---

① 朱永新,王智新.当代日本高等教育[M].太原:山西教育出版社,1992.

　　而美国的高校经费支出的结构是根据资金的用途进行统计的，其事业经费开支通常包括用于教学、科研、公共服务、教学辅导活动、图书、学生服务、学校管理与支持、学校资产的经营与维修等方面的资金(见表4.2)。

表4.2　美国高校资金支出结构(％)

项　目	大　学		四年制学院		两年制学院	
	公立	私立	公立	私立	公立	私立
教学	40.0	40.9	49.4	41.3	51.0	36.4
科研	20.6	21.8	6.4	2.8	0.1	0
公共服务	8.6	3.9	2.9	2.7	2.6	0.6
教学辅导活动	6.8	5.8	6.6	6.0	6.7	5.2
图书	3.3	3.6	3.6	3.4	2.0	2.9
学生服务	4.0	4.1	7.1	11.3	9.8	15.4
学校管理与支持	8.4	11.5	13.1	20.9	16.0	26.4
学校资产的经营和维修	8.3	8.3	10.9	11.6	11.5	13.1

资料来源：McPhersonetal，1993，P28-29。

　　在美国的高校经费支出中，不同性质或类型的高校的支出结构也是不同的。主要表现在科研方面，四年制公立学院这一项目的支出很低，私立学院更低，两年制学院则几乎为零，而大学这一项目所占的百分比一般在20％以上，这只能说明在美国两年制学院的重点是教学，科研不作为其主要目标和任务。然而美国各类高校在经费支出上也存在一个共同的特点和趋势，那就是高校的教学支出所占的比例是最高的，像两年制和四年制的公立高校，它们的教学支出几乎占了高校资金总支出的一半。而且，美国的教学开支相对比较稳定，教学辅导活动开支则不断增加，而图书、学校管理和支持、经营和维修等开支则呈下降趋势,这说明经费紧张,但教学投入仍不可减弱,因而其他方面的投入受到了影响。

国外大学内部资源配置在几百年的发展中逐步形成了一套完备的体系和方式,大学内部实行高度分权式管理,校部只管统筹、规划、协调及督查;资源通过基数拨款、专项投入及绩效增量等方式分配到院系,渠道明晰、规范,具有法定性。

二、国外大学教育资源配置的启示

对国外大学教育资源配置,特别是对资金来源进行宏观及微观考察,对我们研究构建合理的大学教育资源配置制度有重要的借鉴意义。

启示一:资源配置模式由单一模式转向多种模式综合。世界各国大学教育资源配置模式已由单一的配置模式转向多种模式综合,资金来源结构由单一渠道转向多途径化。政府调控能力逐渐减弱,市场调节和自主运营能力逐步增强。这给我们的高等教育经费制度改革的启示有:第一,修正和完善宏观调节机制;第二,要加快完善市场调节机制;第三,要建立高等教育经费自主模式。在此基础上,还要根据国内高等教育的现实情况,进行高等教育资源的配置。

启示二:筹资成为大学管理者的重要职责。大学教育资源紧缺,是一个世界性的难题,世界银行的报告指出,目前高等教育经费处于"世界性危机之中"。因此"筹款是大学校长的一项重要职责,事实上,我有一半的时间是花在联系校友、处理公共关系和直接为大学筹款上。"[①]

启示三:内部资源配置的高度自主性与制度化。国外大学在管理上多实行分权制,管理重心在分权或学院,内部资源配置也形成

---

① 马克·尤道夫.大学与经济发展:包括校友会运作和筹款[C]//教育部中外大学校长论坛领导小组.中外大学校长论坛文集.北京:高等教育出版社,2002.10.

了一套与之相适应的体系和方式。资金通过基数拨款(按人数、学科、专业等)、专项投入(设备、图书等)及绩效增量等方式分配到学院,资金配置渠道明晰、规范。分配的资金由学院独立支配使用,校部只管统筹、规划、协调。这种根据工作任务、目标、效率配置的方式,克服了随意性,有利于调动积极性,提高资金使用效率。

启示四:稳定、可持续的发展模式,教学投入占绝对优势。国外大学的发展大都经历了几百年的稳步发展期,其内部资金投入也进入了相对稳定期,对质量的追求也成为大学管理者及全社会的共同追求。因此,大学在资金投入上应优先保证教学的需求,并尽可能使之满足实际教学目标的需要,减少对管理等有关方面的投入。虽然这一点是我们都能明白的,但目前我国高等教育处在调整发展期,基本条件(含校园、设备等)投入需求量大,因此,在内部资金的配置上,必须处理好质量与发展的关系,确保大学的办学目的,培养高质量的人才。

第二节　我国大学教育资源配置现状

一、我国大学教育资源配置的历史沿革

新中国成立半个多世纪以来,我国大学教育资源配置状况在总体上呈现出两个明显不同的发展阶段。从高等教育系统内部的调整、改革方面来看,可将大学教育资源配置状况划分为20世纪50年代的院系大调整和20世纪末的高等教育管理体制改革两个不同的阶段;从高等教育所处的社会经济环境的变化方面来看,可将大学教育资源配置状况划分为计划经济取向和市场经济取向两个阶段。

1.高等教育系统内部教育资源配置的调整

(1)20世纪50年代的院系大调整

①院系大调整与大学教育资源的重新配置

20世纪50年代初,中国采取以经济高速粗放型增长为目标的

经济发展战略,将工业的发展作为经济发展的重点。在这个大背景下,中国的高等教育主要以培养并增加专门人才的数量为主。[①] 那时,我国的高等教育规模较小,就 1949 年而言,当时全国有 205 所高校,学生总数约为 11.6 万人,教职工约为 4.6 万人,其中专任教师仅约 1.6 万人。当时全国高校中有 60.5% 的高校为公立学校,其他为私立学校和教会学校,分别占学校总数的 29.8% 和 9.7%。高校规模普遍不大,规模 500 人以下的高校占了学校总数的一半,1000 人以下的高校占了总数的 3/4 以上。同时,高校的地理分布不合理,学校学科庞杂,高校层次比例不协调等。因此,当时的高校面临改革,且改革的目的非常明确,就是进行高等教育调整,使高等教育的供给满足经济、社会发展的需求,尤其是工业化对专门人才的需求。

1957 年经过高校调整后,国内高等教育学校达到了 229 所,且绝大多数高校都有不同程度的扩大,全国高等教育逐步进入发展阶段,全国高等教育生师比 1949 年增加了 3 倍,全国高校专业数量达到 323 种,较 1949 年增加了 30% 以上。尤其是工科类专业等得到了很大的加强,新建了一批以往没有的工科专业。这些专业的设置方向比较明确,如机械、电机、土木、化工等专业,并且国家明确规定了各院系的任务、分工和发展方向,全国工科学生的比重较 1949 年的 26% 增加了 11%,达到了 37%。同时,国家为适应今后教育发展的需要也适当加强了师范类高校的建设,与 1949 年的 10.3% 相比,全国师范类学生增加了 15.7%,达到了 26%。

20 世纪 50 年代全国高校的调整配置,对高校人力、物力、财力资源进行了统一配置,使当时有限的师资、设备、校舍等办学条件得到了较好的利用。众所周知,旧中国的高等学校自发性比较强,政府统筹很少,导致设置分散,大多数高校规模很小,专业布点重复,

---

① 薛天祥,沈玉顺.50 年代院系调整与 90 年代联合办学比较分析[J].上海高教研究,1997(8):11-15.

每个专业点的规模效益都很差。因此,20 世纪 50 年代全国高校的调整配置基本解决了这个问题,全国高校初步进入统筹阶段。

②通过院系调整重新配置大学教育资源的特点

第一,调整的目标。20 世纪 50 年代的院系大调整的目标在于重建全国高等教育体系,使高等教育供给与社会主义经济建设需求相适应。那次大调整的目标和方向都很明确,就大调整的目标而言,主要是为了配合国家的经济建设计划,集中全国分散的高校资源,保证工业化发展需要的专业人才的供给,适当地加大高校师资投入。

第二,调整的方式。20 世纪 50 年代的那次院系大调整以中央政府命令的方式下达,提出了明确的调整计划方案和调整时间表,全国高校不能违反和变更。因为,那次大调整是从全国范围来考虑问题的,而建立全国高等教育体系是要解决全国性和体制性的问题,因此,那样的大调整必须依靠中央的力量来完成。大调整的时间仅限于三个月,是一种政府主导下的快速整合方式。

第三,资源配置的取向。那次大调整盲目照搬了前苏联的专业、院校设置模式,将不可多得的高等教育的各种优质资源用于加强工业院校、专业,最终导致独立学院设置过多,很多专业面过窄,仅仅只针对了工业部分的需求,最终导致这些毕业生的知识面不宽、毕业后适应能力不强。那次大调整忽视了旧中国大学人文学科建设的丰富经验,忽视了中国传统文化,将文法、财经类学科减少了很多,影响了国内人文人才的培养。虽然在那次调整中也提出了建设综合型大学的目标,但是综合型大学的建设资源在一定程度上都分给了各类单科院校,在此后的很长一段时间里,都没有出现一所师资力量雄厚的综合型大学,更别说建设出甚至一所世界一流大学。

(2)20 世纪末的高等教育管理体制改革

①高等教育管理体制改革与大学教育资源重组

20 世纪末,由于历史原因,国内高等教育形成了条块分割的现象,高等教育需要进行管理体制的改革,为理顺中国教育体制,国内高校进行了资源重组。重组后的高校扩大了办学规模。1994年,全国高等教育体制改革座谈会提出了共建、合并、合作等五种形式的管理体制改革,主要采取了五大改革模式。①

第一,共建模式。即中央部委和地方政府共同建设部委所属院校。这是20世纪末高等教育管理体制改革的一种主要方式。这种模式是在高校原有隶属关系不变的情况下,由地方政府以不同的形式来增加学校的收入,地方政府主要负责学校的统筹和管理。在这种模式下,高校将逐步形成自主办学、自我约束的机制,政府只需进行宏观管理。到了1997年底,国内已有100所共建高校,其中,地方所属高校15所。1998年有91所普通高校实行中央与地方共建的模式,其中,81所以地方管理为主,10所为教育部直属高校,实行重大事项由教育部负责,日常工作由地方政府负责的管理制度。21世纪初国内高等教育改革基本完成。

第二,合并模式。即为了提高教育质量和办学效益,将两所或两所以上的学校进行合并,以实现学科优势互补和规模效益。合并方式从学校层次上看,主要可以分为三类:一类为较弱的学校与水平较高的学校合并或将前者并入后者;二类为水平相近的学校合并;三类为专科学校之间的合并。合并方式从学校学科上看,主要可以分为两类:一是不同类型的高校合并,可称为互补性合并;二是学科、专业相同或相近的高校合并,可称为同类项合并。合并模式的优点在于不仅能直接提高办学的规模效益,也有利于调整学科的专业结构,提高教育质量。

第三,划转模式。即学校的隶属关系和管理权限全部由中央部委划转给地方政府,是一种中央部委所属院校转由地方政府管理的模式,也是中国高等教育体制改革的长远目标之一。这种模式设计

---

① 陈敬良,等.高等教育成本管理论[M].上海:上海科技教育出版社,2001.

实行中央与地方共建或划转地方管理,涉及全国两百多所普通高等院校,并涉及国家经贸委等 9 个部委、五大军工总公司和 49 个国务院所属单位或部门。

第四,合作模式。即通过协议将两所地理位置相近的高校以各自独立法人的身份,将学校的教学、科研等双方或多方均有意愿的多个方面进行合作,以达到优势互补、资源共享和共同发展的目的。高校在"自愿结合、平等协商、互惠互利"的原则下,既能提高高校的办学质量,又不涉及隶属关系,且简单可行。截至 2002 年,全国总计有 317 所高校开展了校际间的合作,形成了 227 个合作办学体。

第五,协作模式。即高校为补充不足的办学经费,允许社会参与投资和管理的模式。这是在市场经济条件下,为更快地将科技成果转化成生产力,培养经济、社会发展所需要的专门高级人才的校企合作模式。这种模式有两种形式,一种形式是规模小的专科学校和专业单一的本科院校与本行业企业共同建设管理,它能调动本行业办学投资的积极性;另一种形式是在原有高校隶属关系不变的前提下,由不同行业和地方政府参与投资共建和管理高校。

经过近十年的高等教育管理体制改革,计划经济体制下"条块分割"的高等学校分布状况已经得到了根本转变,中央和地方分级管理的二级管理体制已基本确立,基本理顺了中央和地方、政府和高校、国家教育部和国务院各部委的关系;改变了高等院校低水平重复设置、管理效率低、办学效益差的局面;合理构建了高等教育的结构体系,实现了各级各类院校优势互补,资源合理调配,教育质量、管理效益同步提高。

②通过高等教育管理体制改革实行大学教育资源重组的特点

第一,改革的目标。20 世纪末,高等教育管理体制改革的目标在于,通过高等教育体制改革形成不同高校自我发展的高等教育运行机制,以提高高等教育的产出和适应现代化经济社会建设的需要,建立高等教育与社会主义市场经济相适应的运行机制。这个目标相比 20 世纪 50 年代的改革目标,没有那么明确,50 年代改革主要是以计划为主,调整改革的目标明确,而这次改革主要是针对社会主义市场经济体制,要求高校以市场经济体制为导向,适应社会主义市场经济的需求。

第二,改革的范围。这一次高等教育管理体制改革的范围也是全国性的,然而从策略上看,这是以局部的调整来解决整体的问题。目前,联合办学模式刚刚起步,需要在区域范围内进行。

第三,改革的方式。这次高等教育体制改革的方式主要是以中央领导,高校和中央部委、地方政府合作的方式渐进实施的。改革的权力重心下移,高校及其主管部门有一定的自主权。对于联合办学的范围、方式和时间,除了原则规定,中央并无详细的方案和必须执行的具体时间表,政治环境较为宽松。①

2.经济体制转型与高等教育资源配置方式的嬗变

历史表明,高等教育资源的配置方式根据国家经济体制的不同分为行政计划和市场机制。国内由于不同的历史时期存在不同的经济体制,所以国内高等教育资源配置运用了不同的方式。

(1)20 世纪 50 年代初至 90 年代初采用了与计划经济相适应的高教资源配置方式

这一时期,高教资源的配置主要是以行政计划的方式进行的。这种方式具有高度的集中性和垄断性,而在这种体制下要发挥出最佳效益,必须满足以下几个条件:第一,信息是完全的,即计划和调控部门对社会各方面信息的掌握是全面的;第二,边际私人收益应等于边际社会收益;第三,整个社会的供求在计划者的制度安排下是均衡的,经济资源的配置是高效的,即符合瓦尔拉均衡和帕累托效应最优。

---

①　薛天祥,沈玉顺.50 年代院系调整与 90 年代联合办学比较分析[J].上海高教研究,1997(8):11-15.

在这种体制下,政府代表全体人民掌握生产资源,直接领导和组织社会经济活动,把行政手段作为计划机制的主要手段来配置资源,使社会资源供求保持均衡。但是,在现实生活中,计划经济体制下要达到以上三个条件是很难的,因为这种机制存在着重大的制度缺陷。因此,计划体制在宏观机制的选择上会出现偏差,微观上出现失调,结果导致社会有效资源的配置低效或失效。这一点在我国实行市场经济体制以前已经得到证实。①

高等教育在高度集中的计划经济体制下,其资源配置方式严格按计划进行,办学的主体是国家及其教育行政管理部门,高校是政府的一个"车间",学校的一切工作按照国家及其教育行政管理部门的指令办事。资源配置具有以下特点:第一,高度集权。就是国家和教育行政管理部门将举办权、办学权、管理权集于一身,独揽大权,实行自上而下的单一决策机制。学校没有一点自主权,用人单位也无权选择需要的人才,学生更是无权选择单位和职业,造成了资源配置和主体的严重错位。第二,高度封闭。就是割断或削弱高校与经济、社会发展的联系,人才培养与社会需要完全脱节,只要求高校服从政府的计划。由于行政组织机构所造成的条块分割,高等教育有限的资源呈现重复建设和小而全、大而全的状况,导致单科型学院过多,人才的培养模式单一,办学效益很低,资源严重浪费。1982 到 1992 年这十年间的情况最为明显。② 第三,高度统一。就是无视地区、行业、高校的自身实际,强制性地对所属学校下达指令计划、指标任务,要求统一行动、统一模式、统一制度,以保证计划的统一实现。由于不存在竞争机制,这种强制和统一的行政机制大大减

---

① 李兴华.高等教育资源配置方式的选择与对比[J].云南财贸学院学报,2001(3):87-90.

② 康宁.论不同经济体制下高等教育运行机制与宏观调控的本质区别[J].中国高等教育,2000(14):23-26.

少了高校之间的竞争,阻碍了教育资源的优化配置,严重制约了高校的发展。

(2)20世纪90年代初以来以市场经济为导向的高教资源配置方式

市场经济条件下,高教资源的配置主要是遵循由市场来配置资源的原则。它的体制基础是市场经济体制,它的本质就是让市场机制对教育资源起基础性调节作用,其主要功能就是通过优化资源配置,实现效益和效率的最大化。

1992年我国确定建立社会主义市场经济体制后,各行业遵循市场经济的规律,逐步适应和建立起了一套市场经济体制下的管理体制。高等学校从1992年起也进行了大刀阔斧的改革,全国普通高等学校的数量从原来的1080所变为1018所,减少了62所,成人高校减少了510所,并且按照市场经济的要求逐步建立起了一套高校管理体制,实现了教育资源的优化配置,办学效益明显提高。

市场经济体制下,高等教育资源配置方式呈现出以下特点:第一,自主性。在市场经济条件下的高等教育运行机制模式中,人才市场作为高等教育供求关系的信号,成为了影响高等教育运行机制的核心要素,高校将成为真正意义上的自主办学的独立法人实体。第二,开放性。由于学校引进了竞争机制,存在着优胜劣汰的危机,这样就增强了办学的能动性,将办学的推动力由"外"转向"内",迫使高校走出校门与社会进行广泛联系,寻找办学的最好"切入点"。第三,非统一性。各地区、各行业、各学校自身的特点,决定了高校在办学的过程中有各自的差异和特色。突出发展优势、保持学校特色将成为高校在竞争中立于不败之地的办学目标。

我国实行市场经济体制的时间不长,还处在不断发展、不断完善的过程中,但高等教育资源配置已显示出其优越性。将两种资源配置方式进行对比,可以初步得出一个结论:在计划经济体制下,高等教育资源的配置是以政府为主体,采取行政计划,如果运用直接调控的方式,这在市场经济环境下,其结果往往是低效的,不尽如人意的;在市场经济体制下,高等教育资源的配置是以市场为主体,采用市场机制,通过间接调控的方式来进行,但高等教育市场的供需复杂,平衡只是暂时的、局部的。[①] 如果调控适当,其结果可能是高效的。

二、我国大学教育资源配置现状

经过十多年的持续扩招,我国的高等教育已跨入大众化教育阶段,高等教育大众化的实践有力地推动了高等教育领域各项改革的深化。高等学校教育思想、教育观念进一步转变,高校管理体制、高校后勤服务社会化、校内人事分配制度、招生制度等各项重大改革加快了步伐,办学潜力得到充分发挥,办学效益大幅度提高。但在高等教育快速发展的同时,也出现了诸多矛盾,大学教育资源配置就是其中的一个突出问题。下面分别从规模与范围、结构、质量、效益四个角度对目前大学教育资源配置所存在的问题进行考察:

1. 从规模与范围的角度

(1)高等教育资源配置的规模性浪费

一方面,规模小、效益低一直是我国高等学校的一个顽症。以扩招为标志的高等教育大众化,在很大程度上为解决这一问题指明了方向。然而,扩招以来,高等学校仍然存在着规模不大、效益不高的问题。现阶段,学校规模的扩大很大一部分是建立在系科数量扩大的基础上的,各高校规模最大的院系大多与新上热门专业有关,而原有系科特别是以传统专业为主体的系科,其规模并没有相应地扩大,甚至普遍萎缩,这实际上是一种"名内涵实外延"式的增长;另一方面,高等学校的规模在扩招以来急剧扩张,还存在着规模过大

---

① 方惠坚,范德清.中国高等教育的改革与发展[M].北京:清华大学出版社,2000.

而导致"规模不经济"的现象。据闵维方教授研究,中国高等院校的适度规模平均在 4000 人左右。也有人测定,我国目前本科院校的经济规模为 8000 人。然而到 2010 年,教育部所属大学和地方大学,约有 80% 的学校在校生规模达到或超过了 1 万人,规模超过 2 万人的大学也有几十所之多。经济学认为,组织规模并不是越大越好,超过了适度规模反而会导致"规模不经济"的现象。

第一,教学基础设施严重不足。一些高校扩招后学生宿舍拥挤,基础设施老化,供电、供水、供气设施因资金短缺而年久失修,存在很大安全隐患。表 4.3 列举出了高校校舍建筑面积和学生平均宿舍面积这两个一向被高校决策者所重视的"硬件"数据。从表 4.3 中可以看出,和高校扩招前相比,扩招后校舍建筑面积和学生平均宿舍面积一直处在增长之中,每年新增面积也大致呈上升趋势,但学生平均教学行政用房的面积却变化不大。高校办学条件中的固定资产,尤其是教学仪器等设备(表 4.4)直接与高校人才培养的质量密切相关,也是我国各级政府监控高校设置、升级等的一项基本指标。但长期以来,我国高校在这方面的办学水平是很低的,有待进一步加强。

表 4.3　全国普通高校校舍建筑面积变化情况

	1998 年	1999 年	2007 年
在校学生数(万人)	361	432	1884.9
校舍建筑面积(百万 m²)	152.8	174.5	615.4
学生平均教学行政用房(m²)	12.5	12.3	13.8
学生平均宿舍面积(m²)	5.2	5.4	8.6

资料来源:中国教育科研网 http:www.edu.cn。

表 4.4 全国普通高校固定资产、教学仪器等设备变化情况

	1998 年	1999 年	2007 年	2008 年	2008/1998 (倍)
在校学生数(万人)	361	432	1884.9	2021.0	5.60
学校固定资产总值(亿元)	939	1171	8547.1	9310.9	9.92
学生平均固定资产值(元)	20923	22780	45345	46071	2.20
教学仪器等设备总值(亿元)	249	305	1691	1875.6	7.53
学生平均教学仪器设备值(元)	5559	5936	8367	9277	1.67

资料来源:中国教育科研网 http:/www.edu.cn。

第二,教师总量不足,生师比过高。特别是教学一线的高水平教师严重不足。2008 年,我国的生师比达到 10.65:1,加上新高职学生数,生师比会达到更高的水平(表 4.5、表 4.6)。从在校学生数与正副教授之比看,这个比例在 2007、2008 年出现递减,但仍不容乐观。生师比过高将不利于教学质量和教师水平的提高。①

表 4.5 全国普通高校生师比状况变化

	1996 年	1997 年	1998 年	2007 年	2008 年
在校学生数*(万人)	302.11	317.44	340.88	1884.9	2021.0
专任教师数(万人)	42.57	46.28	53.19	181.54	189.8
生师比	7.5	7.8	8.4	10.38	10.65
正副教授人数(万人)	14.39	15.02	15.26	42.63	47.6
在校生数与正副教授数之比	20.99	21.14	29.41	44.22	42.46

* 表示 1996—1998 年不包括成人高校的高职学生数。

第三,学生平均教育经费与办学硬件不足。扩招以来,虽然从总体上看,全国普通高校经费及教育资源总量与办学规模实现了同步增长,但是,由于地区间经济发展水平与财力投入水平差异较大,

① 上海市教科院发展研究中心.中国高校扩招三年大盘点[EB/OL].[2013-10-14].www.edu.cn/20021106/3071663.shtml.

改革深入程度也有所不同,以致部分地区普通高校生均经费与生均办学条件有相当程度的下降,难以保证基本的教育质量与正常的教学秩序,严重影响了高等教育的可持续发展。

另一方面,教育投入水平低,难以保证基本的教学质量。生均教学行政用房、生均教学仪器设备值也存在类似情况(表4.7)。

表4.6 扩招前和2007年、2008年全国普通高校专任教师情况比较

	1998年	1999年	2007年	2008年
在校学生数(万人)	361	432	1884.9	2021.0
专任教师(万人)	40.73	42.57	181.54	189.8
其中:高级职称比例(%)	34.67	38.81	10.24	10.42

资料来源:中国教育科研网 http:www.edu.cn。

表4.7 2001年部分省区地方普通高校办学条件状况

	地方高校平均水平	明显低于全国平均水平的部分地区地方高校办学条件状况
生均教育事业费(元)	9791	贵州(3889) 青海(6305) 新疆(6509) 内蒙古(6841) 安徽(7230) 湖北(7654) 江西(7935)
生均预算内教育事业费(元)	6816	贵州(2125) 新疆(2162) 四川(3180) 湖南(3214) 河南(3284) 内蒙古(3470) 湖北(3702) 安徽(3710) 江西(3829)
生均预算内公用经费(元)	2614	内蒙古(248) 新疆(347) 贵州(408) 安徽(499) 湖南(969)
生均教学行政用房(m²)	10.2	新疆(8.1) 甘肃(8.6) 内蒙古(8.9) 四川(9.1) 安徽(9.3) 宁夏(9.3) 山西(9.4)
生均教学仪器设备值(元)	5031	新疆(2229) 青海(2746) 安徽(3197) 山西(3217) 内蒙古(3333) 甘肃(3443) 贵州(3365) 四川(3372)

资料来源:中国教育科研网 http://www.edu.cn/20021106/3071663.shtml。

(2)高等教育资源配置的范围性浪费

一方面,大学扩招以来办学层次和办学形式更加多样化,很多学校既有研究生层次、本科层次,又有高职(专科)层次;既有普通全日制教育,又有在职函授教育等。办学规模之所以能迅速扩大,除了不断投入新的教育资源外,就是通过时间和空间的交错、调度,实现各种办学层次和办学形式对师资、设施、仪器设备、图书资料、信息网络等教育资源的共享,从而获得可观的范围经济效益。

另一方面,由于扩招是在高校管理体制改革基本结束之际开始的,其运行必然要受到高校管理体制改革结果的影响。多校区办学是大部分大学所共同面临的现实。扩招在促进大学范围经济的同时,多校区办学则导致大学教育资源配置的范围性浪费。首先是多校区大学物资设备的利用率和共享率不高。[①] 其次是很多高校多校区管理中管理层次的增加,使得管理成本增加而管理效率不高。

2. 从结构的角度

(1)高等教育功能系统结构性失衡

在多年的扩招中,一些以培养科研和管理精英为目标的大学和教学与研究并重的大学也大规模扩招了各种层次、类型的学生。不少研究型大学附设了两年制的"高等职业技术学院",以培养一线的从业人员。这些高校的职业型成人高等教育规模的扩张速度也相当快,占用了相当部分的教学科研力量,加剧了研究型大学的师资短缺,限制了研究型大学作为国家知识创新系统和知识传播系统核心组成部分作用的发挥。同时,也对以职业教育为主的公办和民办高等职业教育造成了冲击,造成了高等教育功能系统的结构性失衡。以湖南为例,在其高等教育层次结构中,高层次人才培养规模明显偏低,研究生和本科生规模偏小,而专科生所占比例较大。[②]

(2)高等教育学科结构与经济结构的调整与产业升级的要求不相适应

---

① 陈运超,沈红.浅论多校区大学管理[J].清华大学教育研究,2001(2):111-118.

② 谢作栩,罗奇萍."知识经济"的视野:我国高等教育近三年扩招的得与失[J].闽江职业大学学报,2002(2):2-5.

近几年来,全国许多高校依靠新增专业来维持规模扩张,专业数增长过快,特别是一些投入相对较少和一些通用性的专业。同时,由于各专业招生数的控制权已下放给高校,地方政府依照社会经济发展的需要来宏观调控学科、专业结构的力度不够,造成学科结构难以适应经济结构转型的需要。[①]

(3)因多校区办学而造成的高校教育资源配置的结构性浪费

一方面是合并后多校区高等学校的学科大都很齐全,但学科齐全并不等于学科结构的综合化水平高。中国高等学校的合并基本上是"合并同类项",并没有突破原有的学科分布的基本格局。多学科、少结构,仍然发挥不了学科的综合优势。而一个比较合理的学科结构,其特征不仅仅在于学科门类众多,更重要的是学科结构的综合化。

另一方面是高校为了进行管理体制改革并兼顾地方的利益,进行了"强弱互补",形成了办学层次和结构的问题。高等学校合并的初衷之一是"强强联合",创建一流大学。然而,在实际过程中国家重点大学与专科层次的学校合并,导致办学层次不清,办学结构不清,合并后大学办学效益不高。

3.从质量的角度

高等教育质量观的不同,对扩招以来高等教育质量的评价也大相径庭。"教育价值观是人们在特定的社会条件下的教育价值选择"。过去,由于我国长期处于大一统的计划经济体制中,处于发展相当缓慢的精英教育阶段,人们仍不自觉地用单一的精英教育质量观来评价大众化高等教育质量。这里,我们不妨还是以这一传统的视角,对扩招以来的高等教育质量进行一些考察。

---

① 兰云,刘鸿.湖南高等教育资源配置的现状及优化原则与途径[J].现代大学教育,2001(6):85-88.

(1)生源总量增加,质量有所下降

由于高等教育规模发展过快,基础教育水平没有得到相应提高,因而大学新生的整体水平明显下降,扩招更使许多低分的考生进入大学。对于全国少数知名大学而言,降分也许对其生源的质量影响不大,但对于许多普通高校来说,影响就很大。高等学校的办学水平主要体现在所培养的学生质量上,而生源质量的降低必然对学校的人才培养产生不良影响。这就要求学校要在放宽入口的同时,通过教学改革和调动师生教与学的积极性和创造性,以保证不同层次、类型学校的教学质量。但是,由于扩招后教师工作负荷过重,对教学改革和调动学生学习积极性考虑不多,着力不够,未能使基本素质本来就不够高的生源达到应有的培养质量。

(2)教育资源紧缺,人才培养质量下降

连续多年的扩招已使全国很多高校出现了教学质量不能保证的问题,如教学、行政用房紧张,教学仪器设备不能满足需要,图书资料达不到教育部规定的标准,教育经费紧张,学生住宿困难,教学安排不尽合理,管理环节跟不上,等等。这些问题的存在都直接影响到教学质量。同时,学生人数增加,教师工作量大,教师成天忙于上课,对课程教学思考较少,教学质量大打折扣。

(3)教育管理机制改革滞后,无法保证教育质量

与传统的教育管理机制相比,虽然扩招后部分高校实行了后勤服务社会化,但相当一部分地方高校却仍然不得不采取全包全管的管理模式,致使学校不堪重负,学校管理的中心也没有真正转移到教学、科研上来。同时,扩招势必导致班级规模扩大,特别是大班教学情况增多,教师对学生的了解更加困难,师生间思想、感情交流的机会进一步减少。加上扩招不断降低招生标准,一个班级里的学生的起点更是参差不齐,而当前高校的教育模式、教学手段与方法并没有得到相应改进,从而影响课堂教学质量。

正因为存在种种不利于教育质量提高的因素,以及这些因素的

制约,大学生普遍对高校教学质量不满意。[①]

4.从效益的角度

高校办学效益一方面是指高校产出与投入的对比关系,另一方面是指高校的产出必须符合社会的需要,即人才及其他成果要具有社会的适应性。高校办学效益是指高校的物化劳动和活劳动的消耗与所取得的符合社会需要的劳动成果之间的比较,或简单理解为学校的产出与投入、成果与消耗、所得与所费的比较。综合而言,高校办学效益包括了表明数量方面的对比关系、具有一定的质量要求、达到一定的社会适应性规定等三方面的内涵,体现了数量、质量、适应性三者的统一。[②]

从数量(也就是从办学规模)上看,经过多年的扩招,绝大部分大学的规模都翻了番,过去规模很小的学校,现在成了规模较大的学校,过去规模较大的学校,现在则发展成了在校生人数逾万、甚至几万的巨型大学。应该说,在目前的规模下,高校过去闲置的设施、设备都得到了充分的挖掘和利用,学校所有教育资源都在不同程度地发挥积极作用。但并不是说高校教育资源都达到了优化配置,形成了优化规模。

从质量上看,目前是众说纷纭。上文提到,传统的高等教育质量观认为,扩招以来,高等教育质量明显下降了。而发展的质量观、多样化的质量观、适应性的质量观和整体性的质量观则不完全这么认为。其中最有代表性的且为人们普遍接受的是多样化的质量观。多样化的教育质量标准中既包含精英教育质量标准,也包含大众教育质量标准[③]。因此,如果持多样化质量观,对当前高等教育质量的评价将要宽容得多。因此,总体而言,扩招能够提高青年人的整体

---

① 刘继安.新闻分析:为何学子对教学质量不满意[N].中国教育报,2001-4-02.

② 代蕊华.高校办学的质量、效益与成本[J].高等师范教育研究,2001(5):18-22.

③ 潘懋元.新世纪高等教育思想的转变[J].中国高等教育,2001,22(C1):21-23.

知识水平,对国家、家庭及学生都是有益的。

适应性是指高校培养的人才满足国家、社会和用人单位需要的程度,即人才适销对路。从这点上看,情况则不容乐观。目前,高校普遍存在专业与课程结构调整滞后,难以适应就业市场需求变化的情况,这将对毕业生就业带来不利影响。随着高新技术的发展和全球经济化的加速,我国的产业结构和就业结构正在发生重大变化,对人才的需求也更加多样化。多年来,我国高等教育专业结构和培养目标的调整及教学内容和课程体系的更新严重滞后,使许多高校毕业生难以适应劳动力市场的需要。多年扩招后,这一矛盾更为突出,将直接对未来几年高校毕业生就业带来不利影响。

第三节　我国大学教育资源优化配置存在的问题和理性思考

由于高等教育管理体制改革和高等教育大众化这两大因素的交互作用及其他相关因素的影响,当前我国大学教育资源配置存在问题的成因颇为复杂,归纳起来,主要有以下几点:

一、宏观的高教资源重组、优化未与微观的体制创新相结合

我国现阶段高教管理体制改革是通过教育资源的重组,以达到合理利用教育资源、提高资源利用效率的目的,其中包括了共建、合并、划转、合作、协作五种模式。资源重组既包括宏观和中观层次,即全国和某一地区的资源重组,同时也包括微观层次的即高校内部的资源重组。共建、合并、划转等重组了高等教育资源,为提高资源利用效率提供了可能,但要使资源进一步优化,还必须深化校内管

理体制与运行机制的改革。[①] 改革就要创新,因此,高校内部体制创新是由资源重组达到资源优化的必由之路。而这一点恰恰为不少办学者所忽视。[②]

二、高教资源配置方式没有兼顾公平与效率

20世纪90年代末,我国教育财政对经费分配方式进行了重要改革,即将"基数加发展"改为"综合定额加专项补助"的高等教育经费分配新方式。"基数加发展"的高等教育经费分配方式是以以往的支出结果为依据,而不是基于合理的成本分析。因此,人为的非制度化因素很多,缺乏透明的公平竞争机制,与市场经济的原则不相符合。"综合定额加专项补助"是根据生均培养成本、学生人数,以及考虑各高校的特殊发展需要来确定的经费分配方式。新的分配方式使高等教育的资源配置在"透明性"和"公平性"方面较过去有了较大进步,体现了社会主义市场经济的客观要求。但"综合定额"是一种以学生数为单一参数的拨款方式,过于粗糙,未能全面反映高校的成本,也没有考虑学校教育质量和整体办学效益的高低。这样一来,各高校决策者就可能产生"谁的学校规模大、人数多,谁就可以获取更多的教育资源"的错误理解。以规模大小和学生多少来配置教育资源,看似"公平",但这种以牺牲效益为前提的"公平",实际上也就失去了意义。[③]

与此同时,教育行政部门在教育资源配置上,没有充分地发挥宏观调控能力,不注重资源的动态效用。目前,教育行政部门在教

---

① 庞青山,曾嶒,廖才英.体制创新:资源重组到资源优化的必由之路——高校合并再思考[J].现代大学教育,2000(5):12-16.

② 李文利,魏新.高等教育规模的扩大与合理的学费水平[J].教育发展研究,2000(3):35-39.

③ 常晓宁.高等教育资源配置的现状及实现优化配置的途径[J].中山大学学报:自然科学版,2004,43(A1):251-253.

育资源配置上没有对资源的配备在宏观上进行有效的调控,而是根据各微观主体对资源的需求进行。教育资源一旦分配下去,就落户在一家、"静止"在一家,教育行政部门很少去考虑怎样使资源在一定的时空范围内为更多的需求者服务。比方说,对大型教学、科研贵重仪器设备等的购置,往往是从一个学校而不是从一个区域或几所学校的共同需求、发展来全面综合考虑。尽管政府大力提倡资源共享,《中华人民共和国高等教育法》(以下简称《高等教育法》)中也有相关条款,但大部分高校多年来所形成的"为我所有"的资源占有观和使用观,再加上没有具体措施作保证,使得资源共享难以实现,"共享"只能成为一种"设想"。

三、在发展观念上重视数量增长和规模扩张

我国高校大扩招发生在世纪之交,使持传统发展观的人们亢奋不已。在很多大学制定未来几年的规划中,大多是在五年或若干年内,学校将增设多少院、系、专业,增加多少硕士点、博士点,增加多少学生数,校园面积与建筑面积扩大多少等。总之,办学者关心的是规模扩大、学科齐全。一连串的数字表明了数量增长的规划,但数量的增长并非学校发展的全部,甚至不是学校发展的主要方面。

高等教育增长的指标主要是大学生数或校均大学生数,而教育发展的内涵除了规模扩大、学生数量增加之外,更重要的是结构、体制的合理和质量、效益的提高。传统的教育发展观是单纯的数量增长观,甚至以数量的增长代替教育的发展。

当然,在扩招过程中之所以出现这种教育发展的偏差,主要不是因为人们没有弄清"增长"与"发展"两个不同概念的不同内涵,而是急功近利的思想在起作用,或者说是在这种思想的指导下,有意无意地混淆这两个概念。急功近利也是一种发展观———一种短视的、后患无穷的发展观。数量的增长是一种所谓的"硬指标",其成效既明显又快捷,能较好地满足急功近利的要求。而恰好当前的高

等教育发展政策又与之高度吻合,因而这种单纯数量的增长观得到了进一步助长。

一段时间里,在相当一部分大学办学者头脑里,发展就是扩大规模,就是数量的增长。在诸如"先做大,再做强"这样一些自我麻醉的口号下,一些学校形成了"提高办学水平→扩大办学规模→增加学科和专业设置→不断扩大招生规模"这样一个带有极大盲目性的怪圈式的思维定势。很多学校就如同一个房地产开发公司,每年都在扩建或兴建教室、食堂和学生宿舍,以满足新扩招进来的学生有吃的地方,有住的地方,有坐的地方,至于其他方面,就管不了那么多了。

高等教育的发展应同整个经济、社会发展一样,在现代发展观的指导下,坚持全面协调的发展,即追求扩大规模、提高质量、优化结构、增强效益的统一。高等教育的全面协调发展并不是不要扩大规模,而是我们所要达到的规模必须是有质量的、结构合理的,因而也才是有效益的。我们应当看到,我国高等教育除了需要扩大规模外,在调整结构、提高质量和效益方面还面临着繁重而艰巨的任务。

四、巨大的社会需求导致高等教育资源普遍紧张

1.越来越多的人要求接受高等教育

人才是社会发展的重要支撑力量,是决胜未来发展的战略性资源。党的十一届三中全会以来,教育被置于国家经济优先发展的战略地位。特别是 20 世纪 90 年代中后期,科教兴国的人才强国战略的全面实施,使我国的高等教育发生了很大的变化。1999 年高校扩招后,普通高校以年均 2% 的速度增长,大学生入学率在 2002 年达到了 15%,我国高等教育跨入大众化发展阶段,2012 年大学生入学率达到了 30%,这些年还处于持续增长阶段。即便是大学生毛入学率增加,但我国高等教育在数量上仍不能满足国民的有效需求。这不仅体现在愿意接受高等教育的国民有获得高等教育的机会方面,还表现为优质高等教育资源的稀缺性和短缺性。

2.国家通过扩大高等教育规模刺激短期经济增长、拉动国内消费的需求

从改革开放到 1997 年上半年,我国的经济一直发展迅速,保持了 GDP 总量 9.6％、人均 GDP 8.2％的年增长速度。但从 1997 年下半年开始,由于受亚洲金融危机的影响,我国经济发展的增幅开始出现全面下滑,需求不足成为经济发展的主要矛盾。另外,每年因上不了高一层次学校的学生,特别是 300 多万高中毕业生又形成新的就业压力。因此,我国政府实施了积极的财政政策,以争取时机,调动一切积极因素,摆脱金融危机的影响,保持国民经济平稳、健康、持续发展。一些专家学者,特别是有些经济学者在寻找解决经济困境的对策时,不约而同地注意到了教育。

有经济学家提出,应扩大高等教育规模以刺激短期经济增长,或者换言之,就是拉动国内消费需求。如亚洲开发银行的汤敏博士在 1999 年 2 月 12 日《经济学消息报》中提出,若三年内使我国高校的招生量增加一倍,且新增学生一律实行全额自费,学费每年 1 万元,其他费用 4000 ～ 5000 元/年,则届时高校每年可多收学费 200 亿元,其在校消费约为 40 亿元。再考虑这笔钱所带动的间接消费,用我国的投资乘数来匡算,这 240 亿元可拉动 1000 亿元左右的投资与最终消费。中国社科院李培林博士和中国科学院胡鞍钢博士则认为,子女教育已成为中国城镇家庭储蓄的主要动机之一。保守地估计,全国居民潜在的教育费用支出每年可达 2500 亿元,大致相当于目前全国教育总经费。这两种观点,一种强调扩大高等教育规模可以在短期内极大地拉动国内消费需求,刺激短期经济增长;另一种观点指出我国居民具有支撑高等教育规模扩张的潜在的支付能力。①

---

① 姜学勤,张云.高校扩招的溢出效应和挤出效应[J].江汉石油学院学报:社会科学版,2001,3(1):21-24.

这就使利用高等教育规模的扩张刺激短期经济增长既有了必要也有了可能。在这种情况下,教育投资作为一种生产性投资,在促进一国经济发展和国民生产总值增长方面的重要作用,以及作为人力资本投资在社会效益和个人收益方面的作用就凸现出来。因此,我国政府把扩大高等教育规模作为解决当时经济困境的重要措施,并加大力度,迅速实施。

正是由于这两方面的巨大的迫切的需求,我国高等学校连续十多年进行了大扩招,导致高等教育资源的普遍紧张。

五、存在新的资源浪费和重复建设问题

1.竞相建"新校区"、"大学城"

在高校扩招的形势下,谁拥有足够大的办学空间,谁就可以吸纳足够多的生源。从某种意义上讲,谁不主动拓展办学空间,谁就等于主动把"蛋糕"让给别人。可见,高校的扩建是学校现实和长远发展的需要,有其内在的合理性和必然性。但是,在大学新校区、大学城的建设过程中,存在着盲目跟风、贪大求高的现象。有的学校在校园规划和建设的标准上一味求高,学校本身规模并不大,却利用国家对教育用地的优惠政策圈起了大量用地,给学校带来了沉重包袱,导致教育投资浪费,银行贷款风险加大。同时,在新校区建设中也出现了重复建设的苗头。政府出面将高校集中起来建大学城的一个目的就是为了减少重复建设,使园区实现资源共享,如教师互相聘用,图书馆、大型体育馆等设施共用,但实际上难以实现资源共享。有的大学城里各高校新校区自成一体,"五脏俱全"。

2.重复设置,资源浪费

很多高校盲目设置所谓"热门专业",其结果是一方面造成了高校资源的重复设置,另一方面,使学校资源的投入与使用发挥不出应有的效果。而在资源的分配上,各二级学院、专业争抢有限的资

源,致使教学、研究机构重复设置、设备重复购置。同时,由于缺乏相应配套政策与制度的制约,投资论证不充分,从而导致教学、科研仪器设备及资料利用率不高,使原本紧张的资源与资金未发挥出应有的效益。与此同时,还忽略了人力资源的挖掘和使用,与争抢财力、物力等有形资源相比,很多高校对优秀教师这一人力资源的挖掘与使用没有给予高度的重视。

六、办学者不善于进行资源配置

大学教育资源配置状况不尽如人意,还与办学者不善于配置资源有关。一方面,管理者资源配置效率意识不强。自1999年以来,我国高校规模持续扩张,社会对高等教育的需求不断增长,特别是在加入WTO以后,高等教育面对的国际竞争更加激烈。面对新的形势,高校领导必须具有广阔的国际视野,用长远的可持续发展的战略眼光来深入思考和处理高校生存和发展面临的种种问题,深入思考学校的发展目标以及实现这一目标的基本战略与行动策略。目前,高等学校面临的一项紧迫任务,就是要抓紧为学校制定新的切合实际的建设发展规划。这是我们与国外大学竞争的首要条件,就如同战场上的作战计划和公司的发展规划一样,是必不可少的。[①]退一步看,国内大学之间也同样存在着激烈的竞争。长期以来,我国大学实行高度集中的计划管理制度,大学一切办学资源都依靠政府的投入,大学发展水平更多的是注重投入性指标,竞争的焦点是从政府那里可以获得多少资源。随着高等教育管理体制改革的深入,大学发展水平不仅是投入的竞争,更是产出的竞争即办学质量与效益的竞争。质量高低直接影响生源、经费等办学的生产性投入要素。大学如果不能准确地设计自己的发展目标,选择合适的发展

---

① 韩映雄,唐安国.大学发展规划:自身行动的纲领[J].江苏高教,2001(6):32-34.

方向,何谈质量提高以及与他人竞争! 近几年一些大学能够得到国家和地方政府的重点支持与建设,除了这些高校具有良好的办学基础外,其准确的定位与发展道路的选择也起到了举足轻重的作用。因为,在过去有着同样良好基础却在这一轮重点建设中被冷落的院校不在少数。

同时,高校要通过制定发展规划树立高校自主意识,实现自主发展。《高等教育法》的逐步实施,从法律上有效地保证了大学的办学自主权。高校已经不再像以前一样是难以决定自身未来的组织,今天的高校再也不能完全依赖他人,要学会独立行走。高校自我意识的树立和自主发展是此次高等教育管理体制改革的显著成果之一。但是,自我意识的树立及其自主发展不是短时间内就能做到的,它需要一个过程。而在这个过程中,学会制定发展规划则是必要的环节,发展规划是对自我意识程度和自主发展水平的直接反映。

另一方面,管理者缺乏经营学校的理念。大学的办学经费一方面来自国家、地方政府,另一方面来自其他机构,如社会团体、公司及学生等。就像公司必须要满足投资人资本增值的需要一样,大学要满足国家、地方政府及其他投资者的各种需要。这些不同利益的投资者有权对大学的事业发展目标、方向提出意见和建议,特别是政府,它是大股东。因此,作为大学,最好的应该是尽可能制定在最大限度上满足各方需要的发展规划。

再者,学校管理者的主观臆断大于制度安排。学校管理是学校管理者通过一定的机构和制度,采用不定期不定式的手段和措施,带领和引导师生员工充分利用校内外的资源和条件,整体优化学校教育工作,实现学校工作目标的活动。其中,制度安排是起基础性作用的。然而,部分高校管理者缺乏规章和制度意识,不以制度为章法,单凭个人好恶,主观判断,缺乏科学依据作决定,致使各项工作缺乏科学性,资源利用缺乏合理性,造成资源利用效率不高、资源配置不合理、部分资源浪费和重复建设的问题。

本章小结

本章分两部分探讨了大学教育资源配置的问题。

前一部分从宏观和微观角度分析了国外大学教育资源配置现状,总结了国外大学教育资源配置的三种模式,即政府控制——由政府对大学教育资源进行配置;市场调节——运用市场手段对大学教育资源进行配置;自主运营——大学依靠自身的经营自主配置。其配置方式逐步采用评估方式进行。资金来源途径多元化,政府拨款逐渐减少,学费收入大幅增加,捐赠收入增加,科研收入快速增长的趋势明显。并且得出四个启示:资源配置模式由单一转向多种模式综合;筹资成为大学管理者的重要职责;内部资源配置的高度自主性和制度化;稳定、可持续的发展模式,教学投入占绝对优势等。

后一部分着重阐述了我国大学教育资源配置现状。首先对我国大学教育资源配置的历史进行了追溯。新中国成立以来,我国大学教育资源配置状况在总体上呈现出两个明显不同的发展阶段。从高等教育系统内部的调整、改革方面来看,可将大学教育资源配置状况划分为 20 世纪 50 年代初的院系大调整和 20 世纪末的高校管理体制改革两个不同的阶段;从高等教育所处的社会经济环境的变化方面来看,又可将大学教育资源配置状况划分为计划经济取向和市场经济取向两个阶段。两条线的调整、改革具有高度的相关性。20 世纪 50 年代初的院系大调整是由中央政府直接规划并操作的,主要是围绕如何使高等教育为工业化发展培养足够多的专门人才而进行资源配置的,应该说基本达到了目标,但导致独立设置的单科学院过多、专业设置过窄、毕业生知识面窄、适应能力差。20 世纪末的高校管理体制改革是在国家有关部门的倡导和指导下进行的,旨在打破高等学校"条块分割"的局面,进行高等教育资源的有效重组,理顺高等教育体制,实现各级各类院校优势互补,资源合理调配,教育质量、办学效益同步提高。总体来说,收到了预期的效果。在另一条线上,前四十余年,高等教育资源配置主要是采取行政计划的方式进行的,由于不存在竞争机制,因而大大限制了高校之间的竞争以及阻碍了教育资源的优化配置,严重制约了高校的发展;后十余年,市场机制逐步对教育资源配置起基础性作用,市场调节的优越性逐渐显现。

随后,从规模与范围、结构、质量、效益四个角度对当前我国大学教育资源配置的现状进行了深入分析。

在规模与范围上,尽管我国高等教育资源十分匮乏,但目前的配置既存在规模性浪费,也存在范围性浪费。

在结构上,一是高等教育功能系统结构性失衡;二是高等教育学科结构与经济结构的调整与产业升级的要求不相适应;三是一校多区导致高校教育资源配置的结构性浪费。

在质量上,生源总量在急骤增加,但同时生源质量却不断下降,加之教育资源紧缺,导致人才培养质量明显下降。另外,教育管理机制改革滞后也使教育质量难以保证。

在效益上,从数量方面的对比关系看,当前高校的办学效益似乎不错,但从人才培养质量和人才的适应性来看,情况不容乐观。

当前我国大学教育资源配置现状的成因,主要集中在以下六个方面:(1)宏观的高教资源重组、优化未与微观的体制创新相结合;(2)高教资源配置方式没有兼顾公平与效率;(3)在发展观念上重视数量增长和规模扩张;(4)巨大的社会需求导致高教资源普遍紧张;(5)存在新的资源浪费和重复建设问题;(6)办学者不善于进行资源配置。这些问题都值得我们深思。

第五章　大学教育资源配置模式的构建

第一节　大学教育资源配置模式概述

随着我国向社会主义市场经济转型和高等学校办学规模的日趋扩大,资源短缺的问题愈发明显,已经成为制约我国高等教育可持续发展的瓶颈。在国家现有的经济发展水平和大学既定的资源分配的基础上,如何优化大学的资源配置,使资源的流向更加科学合理,从而确保大学更好地发展是当前高等教育发展的核心问题,也是高等教育管理的重要内容。

一、模式的涵义

"模式"与"模型",在英语中用同一个词"model"来表示。汉语里,这两个词也没有本质的区别。模式是一个弹性非常大的概念,小到一种方式,大到一种类型,都可以被称为模式。概括地说,"模式是对现实事件的内在机制以及事件之间关系的直观的和简洁的描述[①]",结构性模式和功能性模式是模式的两种类型,模式是理论的一种简化形式,具备多种功能,如构造功能、解释功能和启发功能等,它可以把某一事件的整体形象呈现给人们,把信息明确地提供给人们。

---

① 贺明华.国内三种新闻教育模式比较[J].皖西学院学报,2012,28(1):109-112.

　　模式作为对某一事件发生的过程、包含的要素及其相互间关系的一种有意简化的描述方式,在科学研究中有着重要的意义和作用。卡尔·多伊奇 1966 年在其《政府的神经》中对科学模式在社会中的功能进行了论述,他认为模式具有构造、解释、启发和预测等功能。

1. 模式的构造功能

　　模式可以揭示客体各个要素之间的组织联系以及运行机制,是构成某种事物的标准形式,或是使人可以照着做的标准样式,为客体的各种特殊状态提供一个一般的图景,能使人们对事件获得整体印象。

2. 模式的解释功能

　　模式是事物原型简化了的映象,是对原型的属性进行科学抽象后形成的能够再现原型本质特征的一种类似物,因此对客体在发展变化中出现的各种特殊状况,模式可以在一定程度上作出合理的说明,起到科学解释的作用。正如杰姆逊所说:"重要的是应该从模式出发,描述出社会或其他事物是怎样起作用的。"比起其他方法提供信息时可能采用的相当复杂或含糊的方式,模式则能用简洁的方式提供信息。

3. 模式的启发功能

　　从对模式的研究出发,可以建立或证明相关的理论,得出合乎客观实际的结果,发现事物的规律。模式所具有的直观、生动和鲜明的特点,还使它可以把极其抽象、深奥的科学概念以及假设准确具体地表达出来,启发人们正确地理解其科学意义,加深对其所反映的原型本质及规律的认识。模式的启发功能表现在模式能够引导学习者或研究者去关注某一过程或系统的核心环节。

4. 模式的预测功能

　　模式是一种高度抽象的认识工具和思维方式,储存着原型的关键信息,因此人们在形成科学概念、建立科学理论的过程中,可以运用模型对原型的一些未知属性、未知事实作出合理推测,提出科学预见。模式有可能对事件的进程或者结果进行预测,至少它能够为估计各种不同的结果提供基本依据,研究者因而可以据此建立其假设。①

模式作为理论与实践的中介,它来自实践,是实践的总结和概括,同时它又是对抽象理论的一种简化和解释,对实践具有指导作用。在教育科学的研究中引入模式研究方法,目的是为了通过透视教育现象,分辨出教育中非本质、次要的属性和因素,明晰其结构、关系、状态、过程,以便对教育进行理论分析或观察、实验、模拟、操作,从而获得对教育更深刻、更本质的认识。

二、高等教育资源配置的模式

资源配置问题实质上就是对稀缺资源使用的选择问题。② 高等教育的资源配置,是指社会对高等教育事业投入的人力、物力、财力等在不同使用方向上的分配。它可以分为两个层次:一是总体教育资源如何分配于不同的地区或学校,即宏观层次配置;二是在高等教育资源分配既定的条件下,一个地区或高校如何组织并利用这些资源,即微观层次的配置。③ 宏观层次的资源配置强调分配,是通过对高等教育管理体制的改革以及对高校数量和布局的调整、对高等教育市场的调控和对教育投资渠道的拓宽等方法来进行的。微观层次的资源配置强调使用,主要是高校自身通过扩大招生规模、调整学科

---

① 唐玉光,房剑森.高等教育改革论[M].桂林:广西师范大学出版社,2002:93－94.

② 胡仁东.权力与市场:两种高等教育资源配置模式[J].高等工程教育研究,2006,(2):17－21.

③ 王敬红,李文长.高等教育资源配置模式与绩效研究述评[J].高校教育管理,2011,5(3):86－92.

结构、提高管理效能、更新教育内容、提高设备利用率等来实现的。

　　高等教育资源合理配置的问题一直是教育经济学研究的一个重要课题。在当今世界，社会和个人对高等教育的需求日益增长，而可用于发展高等教育的资源却十分有限，这几乎成了所有发展中国家在教育发展过程中所遇到的十分突出的问题。为此，国内外不少学者对有限的教育资源如何在各级各类教育之间、学校之间分配的问题进行了大量深入细致的研究。高等教育的资源配置模式是制约高等教育整体效益的关键因素，它是资源配置方式方法的统称，体现了资源分配的基本逻辑。高等教育资源的稀缺性决定了它的配置模式将对高等教育资源分配的公平和效率、对学者的学术追求以及各相关利益主体的利益产生深刻的影响。由于各国教育体系不一样，加之各国政治、经济、社会制度方面存在差异，高等教育资源配置模式也不尽相同。

　　关于高等教育资源配置的相关研究较多，有些研究指出，高等教育资源配置就是市场、政府和学术三种力量相互作用的结果。"通过对高等教育资源配置的微观层面——大学存在的三种力量（学术、市场、政府）的考察发现，高等教育资源配置转换过程，实质上就是配置主体的配置力量不断调整与选择的过程。"[①]这是伯顿·克拉克（Burton R. Clark）就高等教育系统的协调提出的著名的"三角理论"。起初，克拉克以"国家－市场控制"为维度构建了一个比较简单的模型，但他认识到这种二分法不能有效地解释某些国家高等教育系统发展的实际情况，因此引入了学术权威这一维度并构建了"国家权力－市场－学术权威"的三角协调模型，不同国家的高等教育系统可以放置在一个三维的协调模型中。[②] 克拉克的三角协调

---

　　① 　康宁.高等教育资源配置：规律与变迁趋势[J].教育研究,2004(2):3-9.

　　② 　伯顿·R克拉克.高等教育系统：学术组织的跨国研究[M].王承绪,徐辉,殷企平,等译.杭州:杭州大学出版社,1994:156-162.

模型实质上就是对高等教育资源配置模式的讨论。因此,基于克拉克的这一"三角协调图",有的研究者将影响高等教育资源的配置模式归结为权力配置和市场配置两种模式。[①] 但仅仅把影响高等教育资源配置的三种力量归结为权力和市场两种模式,并不能体现大学的主体作用,学术权力只是大学的一部分。在回应社会不断变化的需求的过程中,大学不断地调整自己但坚持学术自由并争取办学自主权,极大地影响了教育资源的配置。与此同时,作为教育服务消费者的学生,在选择学校、专业和课程的过程中,对学校的学科及专业也产生着不可小觑的影响,并且影响着优质教育资源的流向和流量。但是,作为政府力量的执行者、市场力量的承受者以及学术力量的代名词、教育资源的消费者,大学在资源配置过程中的主体作用也不可忽视。

1. 高校资源配置的几种模式

教育资源配置模式主要是指教育资源配置以何种形式进行。模式是人们对诸多的教育资源配置所形成的一些具有共同特征的形式进行的概括,是遵守某种规则或规律反复出现的思维方式或表现,是解决某一类问题的方法论。纵观世界各国的高等教育资源配置,虽然各个国家的情况不尽相同,但高等教育资源配置模式却不外乎以下几种:政府控制模式、市场调节模式和自主模式。三种模式各以不同的高等教育观为基础,正如加雷斯·威廉斯所说:"任何一所大学获得经费的方式都是大学在历史发展的关键阶段,人们对高等教育的社会职能所持有的政治态度的结果。"[②]在实际运行过程中,三种模式各有利弊。

① 胡仁东.权力与市场:两种高等教育资源配置模式[J].高等工程教育研究,2006(2):17-21.
② 伯顿·克拉克.高等教育新论:多学科的研究[M].王承绪,徐辉,郑继伟,等译.杭州:浙江教育出版社,1988:89.

（1）政府控制模式

政府控制模式是由国家行政组织主持配置高等教育资源的一种方式。在我国计划经济时代，这种模式与计划经济体制相适应，政府是各类资源配置的唯一主体。高等教育资源的投入也完全依赖政府，教育资源配置的方式是政府通过其行政手段进行控制的，这是一种高度集权的管理模式。在这种模式下，国家作为高等教育资源的主要甚至是唯一的提供者，对高等教育的运行进行直接控制。高校的教育资源由国家无偿提供，高校"产出"的全部人才由国家占用，资源配置与高校系统的运行结果没有直接关系。高校资源配置的政府控制模式是建立在工具论的理论基础之上的，即高等学校被认为是为国家的繁荣发展和改革创新服务的工具，是附属于国家的一部分。也就是说，政府控制下的高等学校必须以国家的整体利益为核心目标，为国家的政治服务。政府控制高等教育的典型代表当属德国，早期的德国大学具有很浓厚的政治化色彩，大学的主要任务是为政府机构和一些由国家支付薪水的职业培养人才。德国大学的这种传统根深蒂固，除政府之外的经济需求对大学的发展影响很小。甚至到了当代，在德国的高等教育领域仍有一些人将国家视为高等教育事业的唯一合法的赞助者。第二次世界大战以后，各国经济的发展和劳动效率的提高对科技进步的影响越来越大，大学作为人力资源的聚集地，成为国家进行人力投资的工具。世界各国竞相加大对高等教育的投资，以此来促进科学技术的进步，加速国家经济的发展。20世纪50年代后期，日本政府把高等教育的发展视为增强国力的战略措施，并列入国民经济长期发展规划中，加大了整个教育的经费投入，推动了日本经济的增长。新中国成立以来，我国高等教育的资源配置基本上属于政府控制模式，这种模式曾对我国高等教育事业的发展起过重要的积极作用。但随着社会主义市场经济体制的逐步建立和市场力量对高等教育的渗透，政府控制高等教育的角色逐渐弱化。单从政府投资占高等教育全部经费的比重来看,在 1995—2000 年,其比重由 70％下降到 56％。随着高等学校规模的扩大以及高校对资源需求的日益扩大,使得单一的政府控制模式越来越不能适应高等教育事业的发展要求,政府的角色"由以往的主导管控向引导监督转变,由以往对高等教育系统的支持转变为对消费者的支持。"①

高校资源配置的政府控制模式具有多方面的优点:一方面,政府控制下的高等教育规划具有远景性、长期性和整体性特征;另一方面,高等教育所培养的人才直接面向国家利益的需要。但由于这种模式具有"集权、封闭、单一"的特点,因而它的弊端同样十分突出。从政府控制型资源配置模式运行的结果看,高等教育与社会的广泛联系受到了阻碍,缩小了高等教育的活动范围,使得高等教育与社会需求之间存在脱节的现象。这种模式使得对资源的获得缺少竞争性,弱化了高等学校面对的外在压力和内在动力,不利于资源的优化配置。

高校资源配置的政府控制模式虽然存在一定的弊端,但政府作为高等教育资源主要的投资者和管理者,决定了政府控制模式仍然是当今世界大部分国家高等教育资源配置的主要模式。而且随着高等教育政治、经济功能的增强,随着学生人数和经费开支的激增,世界各国都在日益强化政府控制职能,即使像具有典型自治传统的英国高等教育,也在越来越多地接受政府的指导。

(2)市场调节模式

高校资源配置的市场调节模式是一种以市场为基础进行高等教育资源配置的方式,即运用价值规律,通过供求、价格、竞争等市场机制,使资源合理地流向那些最需要、资源利用率最高的学校。高校通过向市场输出符合市场需求的、合格的"产品"或服务等方式

---

① 澎湃.大学、政府与市场:高等教育三角关系模式探析[J].高等教育研究,2006,27(9):100-105.

获取所需资源。在这种模式运行过程中,高校受市场的支配,并主动或被动地去适应市场,市场调节作为一只"看不见的手"始终对高等教育的发展起到制约作用。市场的供求状况对高校的设备、规模和办学方向等都有着决定性的影响。目前,世界大部分发达国家的高等教育资源配置都采取此种模式。

市场调节模式的最大特点是大学的生存和发展直接建立在交换的基础上。大学要生存就必须获得足以维持自身生存的基本资源,而在市场经济条件下这些资源的获得既不是其他主体无偿的施舍,也不是大学能够自给自足的,而是一种交换的结果。即大学通过自身的活动,生产出能够满足社会需求的产品,包括教学成果和科研成果,前者的顾客是学生,后者的顾客是企业和政府,然后通过输出,交换回维持自身生存发展所需要的资源。高校教育资源配置的市场调节模式体现的也是一种工具主义的价值观,这种价值观是以高等教育应广泛地为社会各种事业服务的高等教育观为基础的。早期的美国大学就已经显示出了高等教育的这种宗旨,美国高等教育之所以在诞生伊始就确立了这样的教育观,是因为从一开始美国的高校就面临着财政困难,不具备维持独立财政的基础,因此必须求助于社会力量的支持。而且,在美国功利主义价值观本就极为盛行,自然对高等教育价值观产生了巨大影响,它与现实需要一起对美国的高校产生了深刻的影响,形成了高等院校对社会力量依赖的传统。受这种传统影响的大学,即使其财力壮大以后,社会力量仍然不愿放弃对大学的干预,导致美国高等教育资源市场调节十分发达。

在一定意义上,资源配置的市场调节模式是一种与政府控制模式相对的资源配置方式。在西方国家,这两种资源配置模式是并存不悖的,市场调节模式具有与政府控制模式互补的特性。资源配置的市场调节模式相比政府控制模式,具有不断刺激高等院校使其适应不断变化的经济与社会状况,并根植于社会生活之中,强化高等院校与社会的联系的优点。它对政府控制模式产生的平均主义、官僚主义、形式主义、烦琐哲学和封闭主义等产生了冲击,从而给高校注入了新鲜血液,增强了其活力。并且使高校增强了责任感和危机意识,提高了高校资源的利用效益和整体办学效益,而且能够引导高校满足市场多样化的人才需求,从而推进了高校的多样化进程,还能激发起高校的办学热情和学生的求学热情,具有无可厚非的进步意义。但是,资源配置的市场调节模式也有着市场自身所固有的难以克服的缺点,如果不具有整体性和长远性的眼光,常常会产生为适应市场的盲目性和急功近利的短期行为。

(3)自主模式

高校资源配置的自主模式是指高等院校拥有独立经费来源,足以独立自主负担教学和科研等活动经费的开支。传统的资源配置的自主模式是高等院校拥有土地等固定可增值的资本,现代自主模式是指高等院校拥有与教学和科研分立的企业、医院等,高等院校依靠自己的财源而自主办学。资源配置的自主模式是建立在"大学是追求高深学问的殿堂,它应沉浸于传播知识和追求真理;大学所进行的教育是自由教育,大学应该享有充分的学术自由,成为学术自由的堡垒"这样的信念之上的。伯顿·克拉克指出,就大学为了追求和传播知识需要的自由而言,当各种控制力量软弱分散时,大学知识之花就开得绚丽多姿;就大学需要资源维持办学,并因此依赖富裕、强大的教会、国家或市场支持而言,大学在物质上就显得繁荣昌盛。随着生存和发展环境的变迁,大学通过自身的坚守和抗争,逐步"摆脱了外界的束缚,放弃了暂时利益,成为保护人民进行知识探索的自律的场所"[①]。高等教育资源配置的自主模式,在高等教育观本质上体现的是古典的象牙塔精神。但随着社会的发展和

---

① 余宏亮.高等教育资源优化配置及路径选择[J].教育与职业,2009,(14):21—23.

外在环境的改变,这种高等教育观以及构筑于其上的资源自主模式都已经发生了变化。资源配置自主模式在当代并不像传统的自主模式那么绝对,而是带有浓厚的市场色彩,办学模式也发生了一定改变。高等院校主要依靠自己企业的收入办学,同时给予企业以技术和产品支持,并对高等院校的办学产生了不同于政府和市场的影响。

英国在资源配置的自主模式方面有着悠久的历史。14—15世纪期间,牛津和剑桥的一些学院接受君主的土地捐赠,很快成为财力雄厚的法人,从而在以后的岁月里能够自主办学。现在,透过英国政府的高等教育经费制度,仍然可以从中发现这种传统的印记。财政自治在高等教育领域被看成是第一位的。英国的自主模式对美国的私立大学产生了一定的影响,在美国,从大型私立大学的发展过程中也可以看到自主模式的资源配置方式。大学资源配置的自主模式是世界各国的大学所企盼的一种资源配置方式,曾对许多大学的领导有过激励作用并使大学领导为之奋斗。资源配置的自主模式能够产生激励作用的原因在于,它能给大学提供相当充分的学术自由,大学可以自由决策,按照自己的理想办学;大学的教职员工可以专心于学问而不受干扰;大学教师享有优越的条件,从容地对学生实施广博的自由教育,而不必担心因为经费窘迫被解雇;大学也可以立足于自身的特殊利益抵御外来干涉。

但是在现实中,这种理想的自主模式是不存在的。这一方面说明资源配置的自主模式与当代社会发展格格不入而显得不合时宜,另一方面也暴露出它自身的缺点。早在18世纪中叶,正在牛津读书的亚当·斯密就指出了自主模式的副作用。他说,如果领导大学的权力掌握在大学自己手里,大学教师就可能结成帮派、互相包庇、玩忽职守和敷衍塞责。此外,这种模式的缺点是忽视了社会需要。经济学研究成果也表明,如果大学成员和大学缺少一定压力,就不能有效地利用资源。

由此可知,资源配置的任何一种模式都是利弊并存的。三种模式具体体现了三种高等教育观。政府控制模式强调高等教育的政治功能,市场调节模式强调高等教育的经济功能,自主模式突出高等教育促进文化和科技进步的功能。可以看出,这三种模式分别代表了三种不同的利益主体,各有不同的目标,其作用的方向也不是始终一致的。在今天的高等教育发展中,很多国家已不再采用单一的资源配置模式,而且不同模式之间的界限也越发模糊。三种模式都曾在高等教育发展中发挥过作用,而且三种模式至今依然存在。因此,三种模式必须联合作用,才能收到好的效果,离开其中任何一种都是不完善的。事实上,任何国家的高等教育资源配置模式都不会是单一的,而是以一种为主导,三种共同发挥作用。这说明,高等教育的发展需要三方的合力。当今,西方许多国家正是依靠多种模式混合机制,即依靠政府、社会和大学各方面的力量,实施教育资源的合理配置,克服局部的或整体的高等教育资源的短缺现象。

在我国,高等教育长时间以来遵循着国家主导型的方向,在高等教育资源配置模式上属于政府控制模式。从经费来源方面看,我国高校,尤其是公立高校的经费来源主要是中央和地方的财政拨款。新中国成立后,高校办学的所有费用长期是由国家全额拨给的,实行的是全额预算拨款制度,虽然高校面临着严重的经费不足但是却没有其他的经费来源。直到 20 世纪 90 年代中期,政府虽然依然是高等教育的最大投资者,但随着高等教育体制的改革,高等教育的资源配置模式也渐渐发生了变化。

为了改变我国高等教育资源配置的政府单一投资和高度集中管理的模式,在高等教育的转型期,我国尝试了诸如鼓励和扶持校办产业、鼓励民间资本办学等一系列分担和补偿高等教育成本的改革措施。并且于 20 世纪 80 年初开始,改变了政府支持高等教育的全额拨款方式,并相继实施了一系列措施使我国高等教育的投资主体逐步由单一向多元转变,投资渠道逐渐多样化以及投资行为渐渐规范化。

目前,我国高等教育资源配置仍然不能选择一种模式而摒弃其他,也不能单纯地用另一种模式来代替政府控制模式,而是要在政府控制型的主导模式中引入市场模式的竞争机制,以促使教育资源达到优化配置,从而提高教育质量和办学效益。

2.高校教育经费拨款的几种模式

高等教育经费拨款模式是经费分配所遵循的方式方法,指政府以什么标准、采取什么方式向学校拨款。拨款制度直接影响教育资源在校际间的分配,它反映出公共教育所需要的教育资源在各级各类教育的学校之间进行分配所形成的数量比例关系。

(1)世界各国高校经费拨款的模式

综观世界各国高校经费的拨款模式,20世纪七八十年代,世界许多国家的高校经费拨款模式可归纳为以下几种:

第一种:增量拨款。增量拨款是一种"基数加发展"的拨款模式,即根据上年拨款基数,考虑发展(包括规模和新的专业项目)的需要和财力可能,确定拨款增量。菲律宾、印度等亚洲以及非洲发展中国家多采用此种模式。在这种模式下,学校获得的资源量与学生人数(确定基数的依据)有关,与学校的发展项目有关,但并未考虑学校资源利用效率高低,容易导致学校为了获得资源而盲目扩大学生规模和上项目。

第二种:公式拨款。这是一种按总的生均成本拨款的方式,它对构成生均成本的因素赋予不同的权重,权重因素大致可分为学生学习时间、专业类型、学习级别和层次等。美国、英国、日本、法国等大多数国家都采用这种拨款模式。在这种模式下拨款数量不仅与人数有关,更与学生培养质量以及资源利用率有关,体现了公平、效率和激励机制。有的国家为解决公平和效率的矛盾,采用通用公式拨款和专项拨款相结合的模式。

第三种:合同拨款。合同拨款模式是目前高校科研经费拨款的一种。它是通过对研究项目进行公开招标,政府与中标的科研单位或高校签订合同,政府按合同拨款。20 世纪 70 年代末以来,发达国家大多采用了这种模式。在这种模式下,学校所获得资源的多寡与学校科学研究的实力有关,该模式有利于促进高校科研能力的提高。

第四种:学费拨款。学费拨款是政府拨款以资助学生接受高等教育的一种方式,既可以拨给学校,也可直接给学生。学费拨款有全额学费拨款,如福利国家实施的高等教育免费政策。多数国家自 20 世纪 80 年代以来采取贷款和学费拨款方式,以谋求教育质量与效率的提高。学费拨款模式下的校际资源分配也与学生数量直接相关。

第五种:质量拨款。质量拨款的模式,有的是与高校的毕业生人数挂钩,以减少重读与辍学率;有的与录取的优秀高中毕业生人数挂钩。

以上几种拨款模式在资源的校际分配过程中分别适用于不同种类的拨款,增量拨款和公式拨款常适用于教育经常性拨款;而合同拨款和学费拨款则适用于某些专项拨款;质量拨款模式实际上是在拨款的时候考虑了效率的因素。这几种拨款模式通常不是单一的,常常是不同模式结合进行的。因学校的规模、结构、科研水平、发展项目和培养质量以及资源利用率不同,拨款模式的结合方式也不同。不同的高校在上述方面的特点不同,所以各高校的资源所得量也因此而不同。[①]

(2)中国高等教育拨款模式

目前,我国高等教育拨款通常采用以下两种模式:

第一种是综合定额加专项补助。这种模式与国外的"基数加发展"模式很类似。综合定额是依据在校生人数和生均成本来确定

① 王善迈.教育经济学简明教程[M].北京:高等教育出版社,2000:162－163.

的,而专项补助则包括多项费用,如专业设备经费、长期外籍专家经费、离退休人员经费、世行贷款、设备维修费及军训补助费等。学校基本建设投入中经常性部分,按规定的生均固定资产缺额和高教基础教育拨款总量的可能确定。在预算管理上,财政部门对教育部门、教育部门对学校实行"全额预算包干",超支不补,节余留用。

在综合定额加专项补助中,其基本的依据是在校学生的数量,而生均成本实际是往年的决算数而并非合理的成本,而且未考虑资源利用效率这一因素。因而在这种模式下,资源在校际的分配主要取决于学生数量,容易造成学校规模、层次的盲目扩张。这种方式扩大了高校使用经费的自主权,便于操作,提高了透明度和公正性。但这种模式单一的政策参数以及对规模的刺激和对产出的忽视,使得部属高校和地方高校以及地方高校之间的教育财政更加不平衡,由此招致了众多批评。

第二种是公式拨款。公式拨款模式是我国近年来高教拨款体制改革的目标模式。该模式对学校的拨款考虑了多种因素,如学校规模、层次、学生培养质量、资源利用效率等,力求实现高教资源配置的合理化,实现公平、效率、效益等多重组合目标,保证我国高等教育在总量、结构的发展上有合理的资源保障[①]。

在拨款模式的研究上,李福华认为王善迈教授提出的多重目标合理组合的拨款标准数量化是一种比较好的选择。但目前,在拨款公式中考虑到产出或绩效因素是一种越来越凸显的趋势,所以要借此趋势推动资源利用效率的提升。

从上面的分析可以看出,无论是资源配置模式还是拨款模式,主要是研究教育资源如何在高校之间进行分配,着力于宏观层次的资源配置模式的研究。由于市场和政府计划均存在失灵和缺陷,在

---

① 　王善迈.教育经济学简明教程[M].北京:高等教育出版社,2000:163-164.

现实教育资源配置中,配置方式多是混合式的,或以市场配置为主,计划配置为辅;或以计划配置为主,市场配置为辅。其目的均是为了达到合理的资源配置状态,实现资源配置目标。即使是在市场经济高度发达的资本主义国家亦不存在纯粹的市场调节模式。为此,大学教育资源配置,作为微观层次的资源配置,既要借助计划调节模式,又要引进市场调节模式,同时也要根据大学教育的特点,构建自己的特殊配置模式。

第二节　构建大学教育资源配置的模式

自 20 世纪 90 年代开始,我国高等教育的规模扩张可以说是前所未有的,伴随着教育规模扩张而来的教育资源的紧缺,各高校都力图寻求更多教育资源的支持。在我国教育资源短缺的情况下,外部资源的增加毕竟是有限度的。高等教育资源稀缺性与人们需要的无限性和多样性是相互矛盾的。高等学校如何打破计划经济体制时期形成的平均主义做法,采用什么样的机制、体制和制度,将有限的高等教育资源分配到学校的教学、科研、服务等各有关部门,以保证提高高等教育的质量和效益,是我国从计划经济向市场经济转轨过程中必须研究的问题。

一、构建大学教育资源配置模式的指导思想

大学教育资源配置是在遵循教育一般规律的前提下,运用经济领域内经营管理的思想和方法,使大学内部可能被利用的资源在配置过程中达到最优化组合,并重点突出教育资源配置必须为不断提高教育质量这一中心任务服务的思想,体现大学教育资源的社会效益和经济效益。

1.影响大学教育资源配置的相关因素

大学教育资源配置模式是指由谁作为资源配置主体,通过什么样的机制以及运用哪种方式将资源投入或配置到高校各部门。大学教育资源配置模式包含资源配置主体、配置客体、配置机制和配置方式几方面的要素。因此,虽然影响大学教育资源配置的因素很多,但构建科学的资源配置模式必须注意以下几个相关因素:

(1)大学教育资源配置主体

总的来说,大学教育资源配置主体应该包括大学教育资源的投入者和大学教育资源的投入的调控者两方。大学教育资源投入者投入资源的动机,是大学教育资源配置格局得以形成的原动力,大学教育资源的投入者可以是政府、社会团体、企业、大学自身,也可以是家庭或个人。调控者对大学教育资源投入的调控动机,会对大学教育资源潜在投入者的资源投入方向、投入数量和大学教育资源的再流动方向产生重大的影响,由此对大学教育资源的配置格局产生不同程度的影响,高等教育资源投入的调控者可以是政府,也可以是市场,抑或是政府和市场的结合。

(2)大学教育资源配置客体

大学教育资源配置客体也就是大学教育资源自身,即大学自身所拥有的所有的有形的和无形的资源,如人力资源、财力资源、物力资源、信息资源、市场资源、学科和专业资源、声望资源、经验资源及政策资源等。大学教育资源配置客体是大学教育资源配置的物质基础和前提条件。

(3)大学教育资源配置机制

大学教育资源的配置活动一定是发生在大学教育资源配置主体与配置客体的结合之中的,大学教育资源配置主体通过一定的机制作用于配置客体。大学教育资源配置机制关系着大学教育资源的配置主体与配置客体之间关系的协调、顺畅,而且对大学教育资源系统的运行效率及实现既定目标所需的耗费有着决定性的影响。

（4）大学教育资源配置方式

大学教育资源的配置方式指的是大学教育资源的投入者投入大学教育资源或者大学教育资源的调控者调控大学教育资源投入的方式方法。因为大学教育资源的配置方式包括大学教育资源的投入方式和对大学教育资源投入的调控方式，所以，大学教育资源配置主体、配置客体及其配置机制的不同，都会导致大学教育资源配置方式的不同。

2. 指导思想

构建大学教育资源的配置模式，要在实践的基础上考虑如下几个因素：首先，要考虑办学的规模效益。一所学校办学规模尤其是院（系）规模和专业规模与教育资源配置模式是密切相关的。有关研究表明，学校规模、院（系）规模、专业规模都是对生均成本和各类人员使用效率有重要影响的因素。所以，要实现对学校资源配置的优化，首先要求学校的办学规模要适度，尤其是学生规模与专业规模要适度。如果办学规模适度，就可以节约人、财、物资源；否则办学规模过小，会造成教育资源的浪费。其次，要考虑到办学的速度效益。一所学校的发展速度也会影响教育资源优化配置，如果学校发展速度适度，就有利于节约资源；否则会造成教育资源的浪费。这里关键是要搞好高等教育发展的预测与规划，从而促进教育与经济的协调发展。最后，还要考虑学校的办学特色。学校办学特色同样是影响学校资源配置的关键因素。学校办出特色，有利于学校从总体上节约教育资源。实际上，这也是在市场经济条件下以质量取胜的一个关键问题。

构建大学教育资源的配置模式要将理论和实践相结合，遵循以下指导思想：

（1）明确定位，突出特色，重点投入

一所高校的发展规划不科学，定位不准，同样会造成教育资源的浪费。发展过快，不从实际出发，盲目扩大规模，铺摊子，其结果会导致发展缺乏后劲;发展滞缓,维持现状,不积极挖潜,不适应发展的形势,同样会造成资源的闲置和浪费,不利于调动各方面的积极性。大学的发展是需要条件并且是受到约束的。在既有的有限资源的条件下,大学要将资源用于能为学校带来长远发展的优势领域。所以,必须做好学校发展定位和学校布局结构的优化工作。关键要根据区域经济发展状况、人才需求及高等教育发展的实际情况来确定学校的发展定位。必须明确学校办学指导思想,学生培养规格及目标,突出学科与专业人才培养优势,以特色求发展,找准自己的定位。在配置现有资源时,要挖掘潜力,对学校的优势学科和特色专业要采取倾斜政策,突出学校优势和学校特色,确保重点投入,做到有所为有所不为,使有限的资源发挥出最大的效率,以使本校的优势更加凸显,增强竞争力。

(2)注重基础,长效发展

随着市场经济的发展,大学需要通过一定的竞争获得其发展的资源。从大学内部讲,有限的资源不管是按照学校的总体战略目标来确立优先发展领域,还是在不同院系间进行资源的选择性配置,都会带来一些利益冲突。大学内部的资源配置,要兼顾公平,但更要讲究效益。在学校内部资源配置中应提倡合理竞争,体现"优胜劣汰"的自然法则,保证经济建设亟需的学科和专业及学校特色专业"吃饱",支持一批有发展前途的新学科、新专业尽快形成规模,使现有的学科专业在不同层次、不同类型上形成自己的特色。在资源的占有和使用上,尤其是大型教学科研仪器或需要大笔投资的建设设施的购买,应从各个学科和专业的共同需要来考虑,注重基础建设,为学校的长足发展夯实基础,提高资源利用率。各学科、专业人才资源的拥有应从学校发展的全局来考虑,以"能为我所用"而感到满足,而不以"为我所有"为目的。

(3)将人力资源摆在学校资源配置的第一位

人力资源尤其是人才资源作为高校的一种特殊资源,在学校事业发展中具有举足轻重的作用。所以,应将高校人力资源配置摆在学校资源配置的首位。要以人为本,注重人力资源潜能的开发与管理,使高校现有的人力资源的效能得到最大程度的发挥。高校人力资源配置必须实现人与工作任务的协调匹配,使人力配备适应各类岗位性质的要求,做到人尽其才、才尽其用。尤其是高校的关键人才应得到充分利用,使其发挥最大的作用。同时也要注意各类人员的优化组合,发挥协作和互补优势,增强人力资源群体效应。

(4)大学教育资源配置模式应是动态的,既要有量的考虑,又要有质的要求

大学教育资源的配置模式,要与高校内部结构和发展模式紧密联系起来。不同的高校,资源配置模式是不一样的。即使同一个学校,在不同的发展时期,其人、财、物的配备也是不一样的,资源配置方式也不会相同。所以,在考虑资源配置模式时,应运用动态观点,根据学校发展战略和高校内部结构的变化,运用定量与定性相结合的方法分析和确定高校人、财、物等资源的需求量和基本匹配方式,使教育资源的配置更有效地促进学校的发展。

二、构建大学教育资源配置模式的原则

原则是人们观察事物和处理问题的准绳,是对客观事物发展所提出的主观要求。大学教育资源配置的原则是学校资源配置模式构建过程中必须遵守的指导原则和行为准则,它反映了我国社会主义市场经济体制下学校资源合理配置的基本规律。

1. 整体优化原则

大学教育资源包括有形资源和无形资源。无形资源配置一般要以有形资源作“载体”。大学教育资源的内涵非常丰富,不同的资源,其价值取向是多方面的,部分资源还是隐性和未量化的。由于各种教育资源在配置中是相互联系、相互制约、相互作用的,并构成一个庞大、复杂、动态的资源体系,故任何一个部门和单位的资源配

置在量、质、时间上的变化,都会引起其他部门和单位的资源配置在量、质、时间上的变化。因此,在配置大学教育资源时,既要将大学教育资源配置当作一个系统过程来对待,用联系的观点来分析某种资源配置对整个学校教育事业发展所产生的效果和影响,又要从具体问题着手,分析各种特殊条件下各单位教育资源合理配置的具体要求。要用整体优化的观点来考虑学校资源配置,既要注重把握注入外生增量,又要盘活学校内部的存量。任何配置方案都要力争达到人、财、物等资源的有机结合,做到人尽其才、物尽其用、财尽其力,不能只追求某项资源配置的优化而导致其他资源的浪费与流失。

2.增效增量原则

无论是学校结构的调整,还是人力、财力和物质资源的配备,都是为了达到增效增量的目的,以使有限的教育资源得到最有效的利用,最大限度地避免各种浪费,提高教育资源的有效利用率。增效增量原则就是要在资源配置、整合的过程中,提高效率,充分发挥资源的使用效益。任何大学的教育资源配置方案的实施都应保证大学教育资源的资产总量增值,不能造成资金与物资上的流失。因此,第一,资源配置的增效增量原则要求注重用人效率,要把人用好。所有岗位上的工作人员,包括教学人员、科研人员、行政管理人员和后勤服务人员等,都要充分发挥各自的潜能,力求做到人尽其才、人尽其用、人尽其责。第二,资源配置的增效增量原则要求提高资源利用的经济效益,要把财理好。债权债务要一清二楚,各项收支要明明白白,力求每一分钱都发挥其最大经济效能和办学效益。第三,资源配置的增效增量原则还要求资源利用要注重使用效率,要把物管好。合理调配,充分利用,力求没有闲物、没有散物、没有废物。第四,资源配置的增效增量原则还要求有一套严格细致、切实可行的规章制度与奖惩措施,对资源利用要有科学合理的发展规划,使其变为全体师生员工的行动指南和奋斗目标。只有这样,才能使教育资源的配置达到增效增量的目的。

3.非均衡配置原则

大学教育资源配置必须贯彻效率优先、兼顾公平的原则,提倡合理竞争。资源利用率高、效益好的部门就应该得到更多一些的教育资源;否则,就应该少得或不得。这样就可以从源头上制约一些学科专业的盲目发展和某些专业和教育设施的重复设置,并通过调整、联合、合并等措施,逐步建立具有特色的学科发展体系。由教育行政部门牵头,成立专家组,在已开展的学科评估和专业评估的基础上,制订高校评估方案,有组织、有计划地进行综合评估,评估结果与资源配置的方向、重点和排序挂钩,使资源配置与资源的利用效益真正统一起来,并通过实施必要的规划、制度,保证资源分配的客观性和规范性得以连续,真正使资源流向效率高、效益好的学校。

4.可持续发展原则

在大学教育资源配置时,既要考虑学校当前发展的需要,又要考虑学校未来发展的需要,以达到保障资源可持续利用的目的。大学教育资源作为教育资源的组成部分,并非取之不尽、用之不竭。在高等教育活动进行过程中,不论是有形资源还是无形资源的载体——教学人员、教辅人员及管理人员,都是连续不断地被消耗着的。因此,必须合理开发大学教育资源,有效进行大学教育资源的补偿与再生,避免大学教育资源的缺乏和枯竭,从而保持大学教育的"简单再生产"和"扩大再生产"。大学教育资源配置要遵循可持续发展原则,就是希望学校今天的发展成为明天发展的基础而不是障碍。这就要求大学在进行教育资源配置时要处理好当前利益与长远利益的关系,要从学校的长远发展考虑,将眼前利益统一在学校长远发展的计划中,使学校的综合实力能够得到持续、稳步的提高。

三、大学教育资源配置模式

大学作为学术组织包含众多的利益相关者,其利益主体既有政府、企业等社会机构,也有学生、家庭等消费教育服务的群体,还有些外在的约束力量,如资源配置市场和中介评价组织等。任何时代,大学的生产与发展都需要人、财、物和信息等资源的支撑和参与,基于此,对大学教育资源配置模式的构建有如下设想:

1.经费总额动态包干的配置模式

随着《高等教育法》的颁布实施,我国高校初步形成了"面向社会,依法自主办学"的格局。高校面临的"面向社会,依法自主办学"的外部压力要转化为其内部动力,必须要让高校基层直面外部压力。为此,高校必须要将原来集中于学校各职能部门的有关办学自主权的"集权"下放并分散到基层,即院(系)一级,使管理的中心下移到基层。在院(系)成为拥有相应人、财、物等资源配置权的准办学实体的基础上,实行目标管理责任制和院(系)经费总额动态包干模式,以使学校内部真正形成"小机关、大服务、多实体"的办学格局,和压力与动力有效传递、充满生机与活力的运行机制。

大学教育资源配置的经费总额动态包干模式的具体配置办法如下:

(1)学校将包含学科建设、教学和教改工作、科研和科技产业、师资队伍建设与人事管理、财务管理、学生教育管理等工作的全校年度工作总目标和总任务分解到院(系)基层;在准确核算学校教学、科研、学科建设方面的总投入和总产出的基础上,学校根据各院(系)承担的具体工作任务,将包干经费下放到各院(系),实行对院(系)的目标管理和绩效考核,并将绩效与投入挂钩。单位目标及完成任务情况是决定其考核等级的主要指标,对于超额完成任务和提前实现目标的院(系)将重点投入。

(2)院(系)要根据学校年度工作目标和发展规划,在学校的宏观管理下,自主规划其学科建设和教学、科研、师资工作,统一管理本院(系)人、财、物等资源及党建和思想政治工作,成为拥有相应权利与义务、能相对独立运行的准办学实体。在人事分配上,有权招聘符合学校有关规定的人员,有权在学校下达的指标内,按任职条件和学校规定评审副教授及以下专业技术职称,自主评审本院(系)7级及以下岗位津贴。在财务上,院(系)服从学校统一管理,实行"学校统一核算、院(系)财务二级管理"的模式,自主分配和使用包干经费。在硬件资源管理上,逐步实行资源的有偿使用或经济核算政策,如将办公用房费和水电费计入成本核算等。

大学教育资源配置实行经费总额动态包干模式,结合院(系)目标管理责任制,有助于进一步扩大院(系)办学自主权,激发院(系)办学积极性和创造性,既有利于院(系)整体规划和推进教学、科研、学科建设和师资队伍建设,减少急功近利的办学行为,也有利于精简机构,压缩行政人员编制,强化学校的宏观调控和监督职能,使学校管理模式由过程管理向目标管理转变。

2.多元化拨款的配置模式

大学所具有的教育性和学术性特点决定大学拨款不能采用单一的拨款形式,而必须采用多元化的拨款模式。

(1)拨款模式的目标依据

大学在现有的可支配的经费资源的基础上,对各部门和各单位的拨款要以下几个目标为依据:

第一是公平目标。学校要根据各院系当量学生数和不同类别、不同专业合理的生均成本对不同院系进行合理拨款,体现学校各单位之间在占有学校拨款上的公平,以保证学校工作的正常运行。

第二是效率目标。要实行绩效拨款,在结合各单位各部门的绩效以及学校各单位人力、物力、财力等资源的利用效率的基础上进行拨款,以促进学校资源利用效率的提高,逐步建立科学的学校资源利用率评价指标体系,并将其作为评价学校资源利用率和拨款的依据之一。

第三是效益目标。要根据毕业生对劳动力市场和社会经济发展的适应程度以及学校科研发展水平和社会效益等进行拨款,逐步建立相应的评价指标体系,并将其作为评价学校资源利用效率和拨款的依据之一。

第四是政策目标。大学引入市场机制,在一定程度上激发了其活力和动力,但市场竞争固有的缺陷在高校也不可避免。为避免高校引入市场竞争后过度受市场机制的影响,以及可能带来的高等教育在总量和结构上的失衡,学校领导必须制定并不断调整学校发展的政策,包括总量与结构调整,并运用拨款手段进行宏观调控,从拨款数量上体现数量控制与结构调整政策,包括要保护和扶植的、要鼓励和支持的、要控制和限制的学校、专业乃至学科[①],以适应经济与社会发展的需要。

(2)大学拨款的模式与方法

大学在对其内部各单位进行拨款时,必须将上述多重目标合理组合为量化的、客观的、可操作的拨款公式,并定期进行调整,根据综合拨款公式在学校各单位之间进行分配拨款。在拨款时可采用标准拨款基金＋浮动基金的方式,使各单位在经费有限、短缺的情况下,更好地利用有限的人力、物力、财力、信息等资源,以有效提高教育质量,培养出更多更好的人才,实现资源配置的良性循环。具体拨款方法如下:

首先,可使用公式拨款法对教育资源进行基础性分配,即按单位学生总量和总的生均成本进行拨款,保证教学和科研的基本运转需要,特别是保证基础学科、基础研究等的需要。对构成生均成本的因素赋予不同的权重,权重因素大致可分为学生学习时间、专业类型、学

---

① 王善迈.教育经济学简明教程[M].北京:高等教育出版社,2000:165－166.

习级别和层次等(具体权重系数经专家研究和论证后确定)。

其次,可采取合同拨款的方式来进行科研和专项基金的分配。通过对研究项目在校内进行公开招标,中标的单位或个人与学校签订合同,具体规定各方的权利、责任、义务、目标等,学校按合同拨款。这种方法有助于在高校各单位之间建立起既合作又竞争的良性发展态势,促使各单位发挥自主性,提高科研水平,确保经费的使用效率和质量。

再次,可采取绩效拨款方式。为了促使各单位把有限的资源用到实处,用得经济,提高效益,学校应把财政预算直接与各单位的绩效联系起来。对教育质量高、投资效益好的单位与学科,除基本定额拨款外,在学科建设、重点实验室建设、科研、师资培训等方面划拨一定的专项经费。"基金流向最有效益的地方"和"市场知道谁最好"的市场规律,在这种方法中表现为教育经费分配的"卓越质量原则",即谁的贡献大,谁就能获得更多的办学经费。在资源经费有限的情况下,学校应该做到在带动全体的过程中重点突破,要有所不为而有所为,建立重点学科建设机制。

3.人力资源量化的配置模式

从学校规划有效性出发,将人力资源配置的重心放在分析人力配置的基本结构上,即通过分析高校发展战略和高校内部结构的变化,来确定学校所需各类人员的需求区间和基本配比,使人力资源的配置能有效地促进高校发展。具体量化方法如下:

以国家教育行政部门规定的学生数与教师数之比、学生数与行政人员数之比、学生数与教辅人员数之比、学生数与工勤人员数之比为配置标准,用预计折合的在校生数与之相乘,核算各类人员标准定额,并根据各部门总工作量配置人员。学校将按标准人员编制数给各院系下拨各类经费,并实行经费包干,超编不补,缺编不减,且要讲究效益,力求在满足功效的前提下投入最少。

如教师人数配置可以生时数为标准,采取下列公式进行计算:

某门课应配置的教师数＝某门课总生时数/此类课标准生时数；

标准生时数＝年度在校生总数/教师标准定额人数；

某类课标准生时数＝标准生时数×某类课调整系数(如基础课调整系数为 1.3,专业基础课调整系数为 1.1,专业课调整系数为 0.9,具体系数应研究后确定)；

生时数＝某门课时数×应修该门课的学生数。

学校要对超额完成工作量的教师实施奖励,但奖励应以递减的标准进行,以防教师工作量太大影响教学质量,导致学生培养质量下降。不过因教师资源短缺致使工作量超标应另当别论。

教辅人员也可以实验生时数为标准按上述方法原理核算工作量。

各行政部门管理人员工作量标准很难量化,可根据部门性质、工作职能、工作任务与职责等,测算工作岗位,然后根据工作岗位定编工作人员。在实施过程中还应不断根据工作实际逐步调整,使之尽量合理。根据工作岗位职责、级别核算人员费用,实行经费包干,超编不补,缺编不减。

4.物力资源有偿使用的配置模式

大学内部的物力资源主要包括公用房、各类低值易耗品以及大型仪器设备和实验室等。在大学内部打破院系壁垒,改变因各部门分割造成的资源浪费,使各部门占有的物力资源在校内实现共享并实行有偿使用,这样可以有效提高大学内部物力资源的使用效率。本着深入挖掘内部潜力、充分使用现有仪器设备、提高资源利用率的思想,大学教育资源配置的物力资源有偿使用模式可按如下方法具体配置:

大型仪器的购买和实验室的设立,在大学内部属于不经常发生事件,但其涉及金额巨大,影响到学校发展后劲和以后生均培养成本(固定资产折旧增加),必须进行立项申请,由学校决策咨询机构进行项目论证,根据学校近期目标、长远规划、财力状况、人员配备状况、运用与管理设备水平等分析其必要性、可行性,预测其利用率,进行成本-效益分析,由校级决策部门根据论证结果,慎重作出决策。设备和实验室建设最好采取公开招标形式,还可利用网络招标以扩大选择范围,增加透明度,提高效率,节省费用。

低值易耗品主要是各类实验用品、维修用品,应根据教学实验计划和实际用房数进行量化计算。

校内公用房的使用和管理也应量化核算,按标准确定使用面积定额,对于超过定额的部分可加收房产调节费,而对不足的部分学校应予以经济补偿。通过这种经济手段解决各部门、各单位教学办公用房面积不均衡、配置不合理、公用房资源浪费等问题。

总之,要提高大学教育资源利用效率,企业改革经验值得借鉴。但必须注意到大学作为非营利组织与企业有着本质区别,所以,不能照搬企业改革的方式方法,必须根据大学教育的特点,综合运用市场调节、行政调节和道德调节等机制对大学教育资源进行配置。其中,市场调节机制主要运用在生源市场、资金市场、劳动力市场、科技服务市场以及物资购买和基本建设等市场上,通过引入市场竞争机制,提高学校人、财、物等资源的利用效率。行政调节机制主要运用行政权力协调各要素在一定结构中的相互关系。它主要通过学校行政管理部门,以政策制度、行政命令、检查监督、评估考核等手段来保证资源配置和使用的有效性。道德调节机制主要运用在解决大学内部存在的"X低效率现象"(表现为一是资源配置不合理,投资大、产量小,成本意识差;二是人际关系不协调,职工积极性、主动性、创造性低,工作效率低)、"搭便车现象"(指某人或团体在不付出任何代价或成本的情况下,从别人或社会获得好处或收益的行为)、"庸才沉淀现象"(指在学校内,优秀人才留不住,平庸之人流不走)等问题上。道德调节机制是指运用道德力量协调教育资源各要素在一定结构中的相互关系的一种运作方式。它主要通过人们的内心信念、社会舆论、传统和教育力量来维持,通过影响人们的理想、信念、意志和行为动机来调节人们的经济活动。[①] 在大学教育和管理中,存在着大量的"X低效率现象"、"搭便车现象"和"庸才沉淀现象",要解决这些现象,仅靠市场和行政调节的作用是不够的,还必须依靠道德调节机制来减少或消除这些现象。

　　大学教育资源的这三种调节机制既相互联系,又相互区别,并且在不同的体制下和不同的教育领域内发挥作用的强度是不同的。如何更好地运用和发挥这三者的作用,各高等院校的具体方法是不一样的。

本章小结

　　本章在对国内外高校教育资源配置的主要模式及其弊端进行分析的基础上,对大学教育资源如何配置提出了构想。大学教育资源配置作为微观层面的资源配置,虽可借鉴企业资源配置的一些方式,但由于大学与企业的价值取向有着本质的不同,所以,不能完全照搬企业的资源配置模式。大学教育非营利性的特点决定了市场机制不能对大学教育资源起基础性调节作用,行政调节模式仍是教育资源的主要调节方式。高等教育不能市场化,但在大学教育中可以适当引入市场机制。在大学的生源市场、资金市场、劳动力市场、科技服务市场、基本建设和物资购买等市场上,引入市场机制有利于提高大学资源利用效率。道德调节模式作为大学教育资源配置的一种方式,是对市场调节和行政调节的补充,它对于调动教职工积极性,提高大学教育资源利用效率有着非常重要的意义。

---

　　① 李福华.高等学校资源利用效率研究 [M].北京:北京师范大学出版社,2002:123－124.

第六章 大学教育资源优化配置的战略思考

大学教育资源是指大学用于维持其教育教学活动正常进行和维持教育事业不断发展的一切资源。大学教育资源配置是指大学将各种教育资源分配给学校内部的各个单位和部门。我国大学现阶段存在着办学规模扩大与政府投入的比例不匹配所造成的资源严重短缺和大学内部资源使用效率不高的问题。面对短期内无法解决的教育财政总量供给不足的现状,大学在教育资源不足与总量既定的情况下,该如何优化大学教育资源配置以提高大学教育资源的使用效率,关系到大学的可持续发展、办学效益和人才培养质量的提高,是大学能否实现内涵式发展的关键。

第一节 大学教育资源优化配置的条件与要求

资源配置也被称为资源分配,其在《简明不列颠百科全书》中被定义为:生产性资产在不同用途之间的分配。优化大学教育资源配置,首先要明确大学教育资源包含哪些要素。大学教育资源包括:①大学教育资源配置对象,即大学教育资源自身,大学教育资源包括有形和无形资源,这是大学教育资源配置的物质基础和前提条件;②大学教育资源配置主体,即配置资源的主导方面,在大学这个层面则是指大学自身;③大学教育资源配置的形式或手段,即大学教育资源以什么样的手段和形式进行配置会更有效;④大学教育资源配置的规范,即大学教育资源配置运行的内在要求,是大学教育资源合理配置的重要因素。

大学教育资源优化配置是在合理配置教育资源的基础上,保证学校内部的人、财、物等资源的功效之间实现最佳组合,以取得最佳的办学效益。所谓大学教育资源合理配置,是指正常教育活动所需要的人、财、物等资源投入的基本物质条件得到应有的保证。具体讲,这种合理配置有两层意思:(1)所投入的物质条件能满足教育活动的正常需要。(2)所投入的人、财、物等资源条件之间要有一个合理的配比关系,这种配比关系是以取得较好的办学效益为基本前提的。

一、大学教育资源优化配置的条件

怎样配置教育资源才能实现最优化呢? 依据教育管理的实践经验,在市场经济体制下,要实现大学教育资源优化配置必须满足以下几个条件:

1.资源配置条件的优化

资源配置条件的优化也就是高校教育资源自身的优化,这是指人、财、物等资源条件分别达到最优水平,同时又在人、财、物等资源条件的配比组合方面达到最佳。根据管理经济学理论,智力资源是关键条件,财力资源是基础,物力资源是保障。只有这三大资源有效组合,才能发挥最佳的功效,才能为获得最佳的办学效益提供前提条件。

2.资源配置手段的优化

在市场经济条件下,各种资源的配置既要用计划手段,更要用市场手段,还要用计划与市场相结合的手段。因此,大学教育资源配置也必须采用多元化手段进行具体配置,以提高高校教育资源配置的效率。

3.资源配置主体的优化

对资源配置主体的优化实质上就是对资源配置管理的优化。

提高资源配置主体的科学规划和决策能力、组织协调能力及其执行能力以科学有效地配置资源。管理优化有两层意思,即宏观管理的优化和微观管理的优化。宏观管理的优化是指学校要做到"统筹规划、政策指导、组织协调、监督检查、提供服务"。微观管理的优化是指学校各部门和教学单位在优化配置资源的过程中,应根据自己的特点和优势,统筹规划,优化组合,并在实践中不断调节,合理配置各种资源,使纵向的各种教育资源逐步到位,横向的各种教育资源配置达到最佳组合,从而使高校教育资源的管理在动态发展中获得最佳的办学效益。

4. 资源配置机制的优化

高校教育资源的配置是高校教育资源配置主体通过一定的机制对资源配置客体发生作用,关键是配置主体如何作用于配置客体才能实现资源配置最优。高校教育资源配置机制的优化主要是指要善于运用政策这一杠杆来有效调节高校教育资源的配置。在资源配置的过程中要及时总结经验并吸取教训,将那些对高校教育资源优化配置有利的做法制度化、规范化。

二、大学教育资源优化配置的要求

要实现大学教育资源的优化配置,除了满足上述条件之外,还必须达到以下几个方面的要求:

1. 提高大学教育资源利用的效率与效益

高校内部资源是高校在激烈的竞争中的核心竞争力之一。我国自 1999 年开始扩大高校招生规模以来,高等教育的入学率到 2002 年就超过了 15％ 的目标,提前进入了高等教育大众化阶段。最近几年,我国经济增长速度放缓,同时,国家在国防、医疗、卫生、义务教育、基础设施建设等民生领域的支出压力却不断增加。尽管从 2012 年开始,国家财政性教育经费支出占 GDP 的比重达到 4％,

但资源和经费短缺性现象依然存在。随着经济增速放缓,财政在未来教育经费支出的增长空间将十分有限。在国家投入高等教育的资源在一段时期内都难以有大的改变的情况下,本来就紧缺的高校内部资源与学校规模扩大和学生人数增长之间的矛盾更加突出。如果说面对既有资源在短期内难以得到改善无可奈何,那么向资源配置要效率和效益就是在对大环境无能为力的情况下寻求的突破。大学教育资源配置效率低下,是制约大学进一步发展的"瓶颈",因此需要优化高校内部的资源配置以寻找解决问题的途径。资源配置都追求其理想状态的"帕累托最优",大学教育资源配置也不例外。大学教育资源利用效益的提高是大学内部教育资源合理配置的重要表现。要通过一定的激励和评估手段,提高教育资源利用率,以相对较少的投入获得较多较好的产出。

2.优化大学教育资源配置布局

高等教育的国际化使得各大学面对的外界竞争越来越激烈,要想在激烈的竞争中立足,就要有自己的特色,以特色吸引更多的资源,以资源带动学校更好地发展,由此形成一个良性循环。因此,在对大学教育资源进行配置的过程中,首先要明确学校的优势领域和弱势领域,资源配置要保证重点,集中使用,更加凸显优势领域和优势学科以使其成为学校的品牌。资源配置还要有利于学校学科专业发展与结构的调整,使其满足未来经济与社会发展的需要。

3.明确大学资源配置政策导向

近年来,受国外新公共管理运动的影响,国内对公共部门问责制的推行也很广泛,绩效管理这一概念在公共部门也越来越受到重视。将绩效评估的结果作为配置资源时要考虑的重要因素,已经成为各国高等教育发展的趋势。面对有限的大学内部教育资源,大学在进行优化配置时可以采取适当倾斜、兼顾全面发展的政策,使学校的重点院系和优势学科凸显出学校品牌,而对一般学科和院系也要积极鼓励,支持其发展。通过对大学教育资源的有效配置,要使与绩效相结合的拨款成为学校对各院(系)与部门进行政策导向、宏观调整的重要手段。

第二节　大学教育资源优化配置的战略选择

在微观层面上,高校内部资源的配置虽然既会受到高等教育资源宏观配置的影响,也会受到整个社会资源配置模式的制约。作为我国高等教育的办学实体的高校,实际上是由人、财、物等资源按一定的方式和顺序组合而成的。对高校内部的人、财、物等资源的科学、合理的配置,关系到高校的办学水平和高校的竞争力及其可持续发展。因此,资源的稀缺性要求大学教育资源的配置要科学化、合理化,这是高校解决现实问题以实现自身发展的有效途径。

一、优化大学内部资源配置的战略环境

从大学发展的外部环境看,随着社会主义市场经济的建立和一系列高等教育改革的实施,大学正面临着新的机遇和挑战。大学被看作是社会发展的"引擎",是社会发展的"动力站",社会对大学抱以越来越多的期望。为了自身的发展,大学必须与市场经济相适应,与社会发展相结合,大学既要服务于社会和经济的发展,也要受到社会和经济发展的制约。在大学与社会之间,一方面,随着市场经济体制的确立,高校也正从原来计划经济体制下的那种大包大揽中解脱出来,高校内部的管理活动受到外界越来越少的干预,高校自己则不断获得更大的自主权并日益成为管理的主体,这是改革的重大成果和进步;另一方面,虽然大学受到外界的直接干预在减少,但教育主管部门正通过各种评估等有力的间接手段实现对大学办学质量的监控,通过"联合、共建、合并、调整"等宏观管理体制的改

革,实现对大学办学资源的重组,同时,市场经济对大学办学的诱导效应正日趋加强。这些都加剧了不同的大学之间以及大学与社会之间的竞争,大学要在竞争中求发展,完成好办学的根本任务,面临着空前的压力。

从大学的内部环境看,面临着如下困难和问题:

1.经费紧张

一方面,虽然国家每年都拨出大量的事业经费以支持大学的运行和发展,但是每所学校具体分到的经费数额与学校的实际支出相比还相距甚远;另一方面,大学内部的人员经费、水电费、医药费等费用的支出占据了大学实际支出的绝大部分,这样学校所剩无几的用于事业发展的经费远远不能满足学校发展的需要。因此,长期以来大学一直面临着经费紧张的状况。

2.人员配置结构不合理且相对过剩

在我国高校内部,一方面存在着人才紧缺的情况,但另一方面却又普遍存在着冗员的现象。高校内部的人员配置结构不合理情况主要反映在教师人数与学生人数的配置比例不合理上,随着高校大规模扩招,高校内部生师比偏大。此外,教职工内部教学科研人员与其他人员的比例以及临时工与正式教职工的比例等方面的配置都存在着不合理的现象。行政人员比例和临时工占据的比例很高,由此而存在着严重的人力资源闲置和浪费的情况。此外,教师队伍的素质有不断提高的客观要求,这也是人员的隐性过剩。

3.管理粗放,存在物力资源浪费与利用率不高的现象

在我国,高校内办学性活动和非办学性活动长期共存,各类高校都在追求向综合化的方向发展,学校内部不断开设新的学科专业扩大院系,由此,高校在组织职能上形成了"大而全"、"小而全"的局面。这样,不仅加重了学校原本物力资源配置不足的负担,而且学校内部各院系之间的封闭式管理,使得图书等资源存在严重的浪费

现象。进而导致很多高校不仅辅助职能与主体职能的比例出现不协调,就连附属性职能也过于偏大,使得学校的资源不能得到合理配置。与此相关,管理机构数量多、层次多、职能不够明确、效率不高、直接管理成本高,加之管理基础工作薄弱,造成很多重复性劳动和不必要的投入,间接成本也相当高。

综上所述,在大学内部资源配置总量不足的情况下,还存在着资源配置效率低的问题。大学在突出的经费紧张、人员配置不合理且相对过剩和管理粗放等问题面前,必须要对其内部管理进行改革,优化其内部的资源配置,以应对当前高等教育资源总量配置不足和高校内部既定资源有限的挑战。旧的资源配置方式和原有的配置资源都难以满足当前市场经济条件下大学面临资源紧缺而求发展的需要,因此必须立足于本校实际,打破大学内部旧的资源配置格局,建立新的优化配置机制,以实现大学的可持续发展。

二、优化大学内部资源配置的战略措施

大学内部的资源优化配置既涉及大学内部管理体制的改革和管理方法的改进以及管理水平的提高,也受制于社会宏观环境和国家制定的相关政策制度。在现有条件下,大学应本着本校实际,充分发挥自身既有优势,通过对人力资源、物力资源和财力资源等有形资源和其他无形资源进行合理的调整和充分的利用以促进学校的可持续发展。

1.优化大学内部人力资源配置

对大学内部人力资源的优化配置,重点是要加强师资队伍建设,优化配置大学内部的人力资源以改变大学内部工作人员总量过多、临时工人数过多等状况而导致的内部结构不合理现象。可采取以下措施:

(1)精简内设机构,理顺关系

大学内部行政管理人员作为为学校发展和教师队伍服务的服

务者,其与大学内部教师队伍的人员配置比例不应过高。学校的行政管理人员过多会加重学校财政支出的负担,影响学校对于教学和科研的投入。可以根据精简、统一、效能的原则,通过撤销、合并、合署办公等方式,对部分管理部门进行精减,避免校内行政机关政府化的倾向。同时,要减少管理层次,适当扩大管理幅度,降低管理成本,提高工作效率。可根据学校的规模和师资数量以及对服务内容的要求等来综合考虑行政人员和教师队伍的配置比例,强化基础管理,建立健全规章制度,重新审核和划定各职能部门的工作职责,规范管理行为,使学校内部管理工作走向科学化、规范化和高效化的轨道。

(2)竞争上岗,分流人员

可以根据市场经济的基本原则,建立竞争机制。"只有通过市场,才能把作为生产要素的人才,配置到最合理的地位、最能创新价值的地位、最有效率的地位。"[①]建立人才自由流动和双向选择的人力资源市场化配置机制,实行全员竞聘制,刺激教师的积极性和主动性,克服教职工由于各种主客观原因造成的惰性,使学校充满活力,保持一种向前发展的动态平衡。学校要实施"三定"(定编、定岗、定责),严格编制管理,使教师、管理干部和其他各类人员的配置达到相对科学的比例。对教职员工制订考核聘用实施办法,将责任落实到位,压力传递到位。富余的人员采取充实基层、调出等方式实行分流。

(3)健全师资队伍,招揽人才

建立开放的师资市场,拓宽教师的来源渠道以健全师资队伍建设。利用现代发达的网络系统,从社会各行各业的拔尖人才中吸纳新的人员加入到师资队伍中来。学校内部要建设有特色的校园文

---

① 陈雪丽.新时期高校教师资源配置问题的思考[J].扬州大学学报,2003,7(2):46—48.

化,营造良好的工作氛围。对不同层次、不同类别的教职工采取有针对性的培育扶植政策,促进队伍整体素质的提高和优秀人才的脱颖而出。根据学科建设的需要,组建结构合理、素质高的学术人才梯队,特别注意保持特色和优势学科的储备力量。对于学科建设需要的校外人才,采取优惠政策予以吸纳。

2.优化大学内部物力资源配置

大学内部的物力资源是大学正常运行的物质基础,物质资源配置得合理与否关系到大学教学科研服务等工作能否顺利开展。因此,大学必须对其内部的物力资源进行科学合理的配置,为学校的发展奠定坚实的物质基础。

(1)清查学校固定资产,了解学校实际所需

大学在多年发展的过程中,经过积累,具备了相当数量的固定资产。这些固定资产有的可能已经老化破损,有的被闲置浪费,有的属于重复购买或建设,对于这些现象,学校应通过清产核资,进行分门别类的登记和整理,以掌握这些资源的分布、使用和管理状况。在对学校内部所拥有的实际设备和学校所需的实际设备充分了解的基础上,为制订优化配置方案提供参考。

(2)优化内部资源组合,提高资源使用效率

根据学校内部实际情况,在对已有资产进行重新组合时,要优先保证教学科研第一线的基本办学条件。同时,根据学科专业整体布局的要求,对教学、科研方面的资产也要进行合理调整。要在保障学校重点学科院系的资源以充分发挥优势的基础上,充分配备学校的基础学科所需的资源,使其能得到稳定的提高。打破校内院系之间的封闭界限,使设备、信息资源等在校内得到共享。对于教学、科研急需的仪器设备,通过维修、更新、替代等方式予以满足。

(3)完善资源管理手段,实现资源动态平衡

在对学校进行全局结构性调整完成之后,微观上要辅以经济等手段来保证这种调整的灵活性和可持续性。各经济实体及有经济

收入的单位都要分不同情形有偿占有资产、消耗资源,从而避免已优化的配置再度发生紊乱,并保持其配置的相对公平和合理。

3.优化大学内部财力资源配置

优化配置大学内部的财力资源是在现存经费短缺的情况下,对有限资金进行有效利用的前提。要改变当前大学内部财力资源配置效率不高的现状,利用科学合理的资源配置模式以使大学内部有限的资金能够充分发挥其作用。根据边际效用递减规律,"在一定条件下,对办学过程中需要投入的每一个方面进一步投入产生的边际效用均会低于前面投入时的边际效用,即在一定条件下,对需要投入的每个方面进一步投入产生的效应增量均会逐步下降,因此,对任何一个方面的投入过程,都要及时将其边际效用与其他方面的边际效用加以比较,并适时地将投入转向边际效用较大的其他方面,以提高投入效益"。因此,要保证经费合理开支、收入合理分配,应采取如下措施:

(1)集中强化学校财务管理

学校对财务宏观调控的能力是影响学校整体目标实现的关键因素。财务管理分散,借、贷款及投资控制不严等都是调控能力弱化的表现。高校应推行财务集中管理制度,积极探索实现集中管理的有效途径和方法。严肃财经纪律,加强审批和监督,做到财务管理透明,使学校财务在既定的财经政策和制度下正常运作。

(2)统筹兼顾经费支出平衡

学校要制订科学的财务预算方案,彻底改变预算不合理的状况,从而控制经费总体走向,使之符合学校总体建设和发展的要求。合理配置行政管理部门和学校教学科研所需要的经费,缩减大学内部的行政管理部门的支出费用,以满足教学、科研的必要开支为重中之重,在学校的硬件和软件方面要将主要的资金用于学校的师资力量和科研队伍的建设上,由此保证学校正常办学。在学校的不同学科之间,也要注意基础学科和应用学科间经费的合理配置,从长远利益来考虑学校发展的整体质量,促进各学科协调合理地共同发展。

(3)适度"剥离",合理分配

当前,我国市场经济的发展为高校提供了各种竞争发展的条件。大学在明确其办学基本职能的基础上,在内部要实行事企分开的运行机制,使大学内部的经营服务职能适度剥离,尤其是后勤部门,要走社会化服务的道路。这样既可减轻学校的负担,又可使学校在市场竞争中得到更好的社会化服务。在创收分配上,坚持效率优先、兼顾公平的原则,进行合理调整,保护二级单位创收的积极性。特别是学校与院(系)的关系问题上,应实行工资总额动态包干,赋予院(系)相应的责、权、利,这也是"剥离"的新的实现形式。

三、优化大学内部资源配置的战略协调

大学内部教育资源的优化配置不是一蹴而就的,它是一个艰难的、动态的过程,而不仅仅表现为一种结果。大学内部资源配置存在的问题要求我们必须提高大学内部资源的配置效率和资源利用率,以保证大学健康稳定地发展。此外,还应重视研究和协调好大学内部资源优化配置中的若干问题。

1. 大学在现有规模条件下的办学效益最大化

根据经济学的研究,企业如果超过一定的规模,其边际效益就会呈现出递减的趋势。由此看来,就一般规律而言,在大学的发展中,其规模并非越大越好。通过扩大招生规模调整生师比可能在一定程度上缓解大学人力资源浪费的现状,但随着高中在校人数的逐年减少,大学学生人数不可能一味增多。因此,大学可以尝试在现有规模条件下,充分发挥自身的优势,通过如办高学历的教育等措施,以充分利用有限的资源寻求最大的办学效益。另外,大学抱以开放的态度,通过大学与大学之间、大学与社会之间的广泛合作也可以提高大学内部资源利用的规模效益。

2.大学宏观管理下的各部门自主性的发挥

提起关于影响或决定大学发展的内外部因素与权力关系的理论,就会想到伯顿·克拉克的"三角理论"。具体到大学内部,市场权力(分权)与行政权力(集权)之间的博弈从来就没有间断过。大学要在"集权"和"分权"之间找到平衡,实现大学宏观管理下的各部门自主性和主动性权力的发挥。大学本身是一个不可分割的、有机的办学实体。在学校整体及其内部各部门或单位之间的关系问题上,如果一味强调分权,就会使学校形成一个个分散的利益集团,失去统一的步调和行动,不利于大学根本任务的实现。当然,一味地"分权",减轻自身管理压力,这也不是高校管理者应有的负责任的态度。把握好"集权"和"分权"的度,才能实现学校"宏观"调控下的"微观"部门的搞活。

3.分层分步逐步"剥离"大学内部的社会职能

大学内部社会职能的剥离尤其是后勤职能,该在哪种程度上以什么方式剥离的问题,因各大学自身的实际情况和特点不同而不能一刀切。按照威廉姆森的交易费用理论,企业中如果某个生产或流通环节由市场机制来进行调节会产生较高的交易费用,而将其纳入企业内部可以节约交易费用时,那么用企业的协调机制去取代市场的协调机制就是有效率的。根据这一理论,对于大学来讲,应在权衡两种交易费用大小的基础上,来决定哪些职能可以纳入学校内部并保持更为紧密的联系,哪些职能可以逐步"剥离"。如果学校通过内部组织所花费的成本较低,就暂时纳入学校职能范围,否则就应予以剥离。需要强调的是,学校在通过市场机制来协调的同时,应充分发挥组织协调的作用,使学校尽可能做到交易内部化。

第三节　大学教育资源优化配置的理性思考

一、更新观念是大学内部教育资源优化配置的先导

1. 发展是人类永恒的主题

我国正处于一个发展转型时期,表现为既是发展的黄金期,又是各种矛盾的多发期。为此,在党的十六大会议上,胡锦涛总书记强调,"要牢固树立协调发展、全面发展、可持续发展的科学发展观"。这对于我们树立科学的教育发展观,指导高等教育的健康发展有十分重大的意义。

改革开放以来,我国高等教育事业取得了长足的发展。高等教育的宏观规模发生了历史性变化,我国已进入大众化教育阶段;高教领域多项改革不断深化,办学效益大幅度提高;全民族科学文化素养和思想道德素质普遍提高,为实施科教兴国战略提供了必要的人才和智力支持;高等教育的社会消费日益旺盛,推动了经济快速增长。这些都是高等教育发展的主流和发展态势。但是,在高等教育发展过程中也出现了很多诸如教育质量与学生数量、高校规模与结构、效率和公平以及发展与规范等新的矛盾和问题。而具体到高校,则存在着部分高校不顾学校现实基础和条件而盲目追求高定位的现象;有些高校仅仅注重自身效益而置社会公众的效益于不顾;在资源紧缺的大前提下,有些高校则只顾从外部争取资源却忽略了内部资源的优化和利用效率的问题。因此,我们必须坚持以科学发展观为指导,树立起全局意识,及时解决发展中的这些问题。

科学发展观落实到高校的工作中就是:

(1)坚持以人为本,发展要靠人,人是教育发展的主体,教育发展的目的更是为了人,这是科学的教育发展观的核心;

(2)高等教育发展从根本上讲,要符合高等教育自身发展规律,符合社会主义市场经济规律,符合社会发展规律;

(3)全面推进教育创新,用创新思维破解高等教育发展中的难题。

2.更新观念是高等教育发展的紧迫任务

"研究表明,教育思想观念是支配教育发展与变革的重要支配力量,也是改革高等教育制度的先决条件。"[①]从目前来看,我国高等教育思想观念明显滞后于我国社会政治经济的发展,同时也滞后于高等教育本身的发展。尽管国家对高等教育的改革逐渐有了较明确的思路,并且改革也取得了较大的成效,但在我国之前较长时期的计划经济体制下形成的惯性思维模式使得部分单位和人员的思想观念一时难以调整过来,传统观念下形成的"大包大揽"、"长官意志"等观念和管理方式根深蒂固,计划经济体制下形成的"等、靠、要"依赖思想依然存在。高校的管理者依然受到传统的追求"大而全"的心理和"本位主义"思维方式的影响,这种思维方式和传统观念在一定程度上对高校的改革和发展产生了不可忽视的影响,并且影响了大学教育资源的配置效率。周远清同志(清华大学副校长)指出:"总结这几年的工作经验,越来越觉得教育思想、教育观念的改革非常重要;如果教育思想、教育观念问题不解决好,很多工作就难以推动,特别是改革就很难深化。"[②]国内高教界一些学者也指出:"在高等教育的发展与改革中,首要的问题是进一步明确或者是调整改革教育思想、教育观念。教育思想、教育观念不仅是教育改革的重要内容,而且是教育改革的先导。"[③]"必须进一步解放思想、转

---

① 施晓光.美国大学思想论纲［M］.北京:北京师范大学出版社,2001.

② 陈浩.跨世纪的课题:改革教育思想教育观念——国家教委副主任周远清访谈录［J］.中国高等教育,1996(Z1):4-8.

③ 姚启和.研究大学教育思想的十年回顾与展望［J］.机械工业高教研究,1996(4):1-8.

变观念,才能更快推动高教事业改革和发展。"①

所以,更新观念是高等教育改革与发展的紧迫任务。观念是大学能否合理配置内部资源的指导思想。这里所指的更新观念主要包括三重含义:

(1)从传统的计划经济体制下的思维方式向市场经济体制的思维方式的转变;

(2)陈旧的、落后的观念向现代教育观念的转变;

(3)封闭管理的观念向开放管理的观念转变。

这些观念的更新,有利于我们在大学内部资源配置问题上克服"大而全"和"本位主义"思想,使得校内资源能够充分共享,提高资源的使用效率;也有助于改变传统的资源配置上的计划分配现象,建立资源配置的竞争机制;打破传统的僵硬的资源配置模式,通过资源使用上的时间与空间的拓展来提高资源的利用效率,从而达到校内有限资源的优化配置,提高办学效益。

二、科学规划是大学内部教育资源优化配置的前提

1. 科学合理的规划决定大学的发展

"凡事预则立,不预则废。"纵观我国高等教育管理实践,长期以来,几乎没有人怀疑过制定学校发展规划的重要性,但从某种意义上说,人们对制定规划的意义和作用的全部内涵并不一定真正理解,这也许正是不少高校制定的发展规划或不太切合实际,或难以实施,或制定发展规划后根本不去实施的认识根源。

关于高校发展规划,有学者认为,它是一种开放的系统,指引院校之舟在前进的道路上顺利地通过各种变幻莫测的环境;它是一种行为,对未来外部环境状况可能引起的问题预先提出解决方案;它

---

① 杨德广.深化高教改革必须进一步改革教育观念 [J].上海高教研究,1994(2):18
—20.

也是一种手段,在持续的资源竞争中用来争取有利地位;它的主要目的是把院校的前途和可预见的环境变化联系起来,使资源的获得取决于资源的消耗,从而能够成功地完成院校使命。有学者认为,大学发展规划是指自身行动的纲领,是对未来环境的应对策略。它一般是从战略发展的角度,考虑如何集中有限资源发展一些重点项目。因为大学发展与建设的核心是兼有学术与市场两种价值取向的学科与队伍建设、人才培养、科学研究与开发等项目。高等学校发展规划的根本目的是提高学校综合实力和竞争能力,它不仅涉及资源竞争的问题,更关系到如何配置和使用资源。在大学进行资源争夺的战争中,战争的成败不是取决于竞争的策略,而是取决于所获取的资源能否得到优化配置、学校的综合竞争力是否得到了进一步增强。

在未来一个时期,随着我国高校规模持续扩大,社会对高等教育的期望将不断提高。特别是加入 WTO 以后,高等教育面临的国际竞争更加激烈。面对新的形势,高校领导必须具有广阔的国际视野,用长远的可持续发展的战略眼光来深入思考和处理高校生存和发展中面临的种种问题,深入思考学校的发展目标以及实现这一目标的基本战略与行动策略。

目前,高等学校面临的一项紧迫任务,就是要抓紧为学校制定新的切合实际的建设发展规划,这是我们与国外大学竞争的首要条件,这就如同战场上的作战计划和公司的发展规划一样,是必不可少的。退一步看,国内大学之间也同样存在着激烈的竞争。长期以来,我国高校实行高度集中的计划管理,高校一切办学资源靠政府投入,高校发展水平更多的是注重投入性指标,竞争的焦点是从政府那里获得多少资源。随着高等教育管理体制改革的深入,高校发展水平不仅是投入的竞争,更重要的是产出的竞争,即办学质量与效益的竞争。质量高低直接影响生源、经费等办学的生产性投入要素。高校如果不能准确地设计自己的发展目标,选择合适的发展方向,就会对学校的生存和发展产生严重的负面影响,质量的提高和竞争能力的提高更无从谈起。

2.制定发展规划是大学资源配置的一种方式

美国哥伦比亚大学的亨利·莱文教授在论述高校成本效益和资源配置时指出:①在教育中,成本效益分析可以通过衡量成本与教育成果,对一系列可选择的方案进行评价之后选择最有效的方式。这些方式有利于达到相对于成本的最佳效果。②在过去的 30 年中,我们发现,不同大学的资源配置策略可以造成成本效益的天壤之别,不是 2%或 3%的差异,有时是 400%或 500%的差异。③毋庸讳言,与解决大学资源配置问题的成本效益分析相比,人们更愿意探讨寻找更多的资源问题。但我的观点是这两者都很重要。④也就是说,我们必须寻找额外的资源以实现目标,与此同时,我们必须确保对使用的资源进行最有效的配置。⑤为了提高办学效益,高校必须明确自己的发展目标,通过制定切合实际的发展规划实现对教育资源的有效配置[①]。

正因为如此,大学必须高度重视学校发展规划的制定。一份完整的大学发展规划应该包括四部分内容:学校现状分析、发展目标、发展要素和保障系统。在制定和实施过程中,应自觉将这四者与优化资源配置紧密结合起来。

(1)学校现状分析

现状分析要求大学对自身所具有的基础进行全方位梳理,明确在同类高校中所处的位置,也就是说要找准坐标。只有找准了坐标,才能了解学校对资源的需求状况。现状分析还要求对自身的优劣有清醒的判断,这在规划中显得尤其重要。学校的办学特色是什

---

① 亨利·莱文.中国大学的有效资源配置[C]//教育部中外大学校长论坛领导小组.中外大学校长论坛文集.北京:高等教育出版社,2002.

么,学校的优势学科有哪些,在哪些领域的研究是别人不可取代的,等等,这些问题都要有明确的答案。这是实施资源配置的重要前提。目前,不少大学制定发展规划时,对这一环节普遍不够重视,以至于在没有弄清家底的情况下,仓促上马一些重大建设项目。一段时间后,才发现原来自己根本不具备条件或者条件不完备,使宝贵的教育资源因没有得到合理配置而被白白浪费掉。

(2)发展目标

学校发展目标要陈述学校在某一时段的发展方向,也就是说,学校要办成什么性质、什么类型以及什么水平的学校。按照现在的通常划分方法,性质包括单科性、多科性和综合性;类型包括高等专科或高等职业型、教学型、教学科研型和研究型四种类型。学校发展目标的确定主要基于对现状的科学分析和对未来若干时间内发展趋势的科学预测,它具有战略性、宏观性等特征,由此确定了学校资源配置的基本走向和资源的大致分布。实践证明,不同的目标追求,其资源配置重点是不一样的。因此,发展目标必须切合实际,准确而明确。

(3)发展要素

发展要素是规划的主体部分,即学校要选择重点发展的若干项目及领域。一般而言,大学规划的发展要素主要涉及学科建设、教师队伍建设、课程建设、科学研究与开发以及若干代表学校特色的标志性建设项目。发展要素是确定学校资源配置的基本依据,因此,应尽可能用数据或有关指标来表达,如学科建设中硕士学位授予点数量及种类,教师队伍中的学位结构、年龄结构、职务结构、性别结构和学缘结构等。

(4)保障系统

大学的保障系统就是指为服务于发展目标和发展要素而需要提供的人、财、物等必要资源及其相关制度。对大学而言,主要指内部管理体制和资金运筹机制。高校目前正在进行的机构改革、院系设置与调整、后勤服务社会化等问题就是典型的内部管理体制问题。经费运筹机制是规划中不可缺少的,它能够促进学校事业向前发展。高校在获得政府常规事业性拨款的同时,通过市场机制来筹集资金,包括贷款等一切有利于学校事业发展的手段。有了资金,还有一个如何有效使用资金的问题,包括资金投向、比例与进度、短期周转资金的增值、规避风险等。规划中的保障系统,实际上就是如何获取资源和如何有效地配置资源的措施与手段,因此,在制定规划时就应予以明确。

总的来说,学校的发展规划对学校内部资源配置指明了方向并提出了要求,同时,合理的资源配置对规划的实施起推进作用。

三、制度安排是大学内部教育资源优化配置的关键

1.制度的特殊意义

20世纪的后20年,是人们对制度的极端重要性认识迅速升华的20年。经济学家把视野的焦点转向普通抽象的规则(即制度)与经济增长的关系。这一时期的制度经济学家的研究表明:制度限制着人们可能采取的机会主义行为,制度保护个人的自由权利,帮助人们避免和缓和矛盾与冲突,降低协调成本,并因此促进经济增长与繁荣。基于对上述现象的分析,他们的结论是:制度是经济增长的关键。因此,规范人际交往的规则与不断修改那些不合时宜的制度,对于经济增长、人类的生存、社会的发展与繁荣至关重要。

新制度主义认为,"制度包含两层含义:其一,制度是行为规则,决定经济发展中人们的行为规范;其二,制度是人们结成的各种经济、社会、政治组织或体制,它决定一切经济发展活动和各种关系发展的框架。"[①]制度的主要目标是通过规则性与秩序性,增大流量,降

---

① 李同明.新制度经济学在当代 [M].武汉:湖北人民出版社,2003.

低信息成本与交易成本,以便有效地利用资源。

新经济主义者认为:(1)制度可以通过确定的规则,提高信息的透明度,使得每个人对其他人的行为反应都能作出准确预见;(2)制度可以通过明确界定的产权,来塑造发展的动力,促使人们的个人努力转化成私人收益并与社会收益相协调;(3)制度可以通过规范的法令规章或不成文的行为准则、道德规范、社会习俗等来影响市场运作,决定市场配置机制的效率;(4)制度可以在协调人们的行为方面发挥关键作用,从而减少摩擦,促进效率提高。

可以说,制度是通过提供一种奖惩约束和协调个人收益与社会收益之间的关系的激励机制,来充当经济社会发展动力源的。这种奖励机制包括四方面的制度:

一是权责利明晰的产权制度;

二是建立有法律保证的约束规则,使当事人的合法权益得到保障;

三是建立严格的监督机制,奖励在经济发展中的有功人员,惩罚有过人员;

四是建立严格的信息传递程序,使"经济人"获得必要信息,以减少浪费。

由此可以认为,制度既具有经济学意义,同时又是一种管理手段;制度既是经济增长的关键,同时也是高等教育改革和发展的关键动力要素。

2. 大学内部资源优化配置的制度安排

21 世纪,高等教育面临教育背景国际化、教育对象大众化、教育途径多样化、教育导向市场化的新形势,同时又面临发展过快与规范不够、发展需求量大与资源不足等新矛盾、新问题。高等学校在这种大环境中,必须依靠自身,通过改革和制度安排解决发展中的问题,优化资源配置,提高办学效益。

经过二十多年的实践探索,针对高校内部实际现状,可从以下方面作出制度安排：

(1)建立目标管理责任制，明确划分责权利

随着高等教育事业的改革发展，高校办学规模不断扩大，高校在组织形式上一般都是实行三级建制（校、院、系），两级管理。但在两级管理中以谁为中心，目前观点还不完全一致。在笔者看来，院（系）应是学校管理的中心。根据权责对等、分权与授权适度的原则，高校应从以职能部门为中心的运转机制变为以院（系）为中心的运转机制。学校必须将职能部门的有关办学自主权转移到院（系）一级，院（系）成为拥有相应人、财、物等资源配置权的准办学实体，并建立目标、考核、职责与分配相衔接的、配套的一体化机制。办学的外部压力可以通过目标管理责任制传递到基层，并转化为内部动力。拥有了相应资源的配置权以及工作目标后，院（系）就能做到有目标、有权力、有压力、有利益，进而做到有活力，从而激发院（系）办学潜能和教职工积极性，并促使其节约并优化配置办学资源，增强成本意识和效益观念，形成自主办学、公平竞争的办学格局和促进改革、促进发展的内驱力。

(2)构建和完善大学内外部的合作共享机制

在现代社会中，竞争与合作已渗透到社会、经济和政治等各个方面，合作双赢已成为人们的共识。在高校运行中，为解决资源等问题而建立合作共享模式已成为必然趋势。新形势下，"合作"本身就是一种资源。目前，在大学内部依然存在着严重的院系学科壁垒，不利于资源的分享和充分利用。

在合作问题上，首先是要转变校内传统的、封闭的、界限分明的院系管理观念，持合作开放的态度，使合作具有积极性；其次是合作中要知己知彼，用其所长，求己所需，使合作具有实际意义；再次是在合作中确定以贡献求共建和互利双赢的利益观，使合作具有可持续性。比如，不同的院系之间可以根据科研或学科发展的需要建立跨学科研究中心等，以应对新形势下社会对大学的期望和大学持续

发展的问题。

(3)建立健全激励与监管机制

米尔格尤·罗伯茨认为:"一种通过精心设计的激励契约亦可起到遏制道德风险问题、达到激励目的的重要作用。"人是有主观能动性的,通过激励制度,可以引导和调动教职工的积极性或制约某些消极行为。

首先,要用学校共同愿景激发教职工爱校、建校的热情和积极性,对学校一切资源以"视为己有"的态度去保护它、使用它,形成艰苦奋斗、勤俭办事的作风,做到物尽其用。

其次,要结合学校实际,建立有效的资源配置制度,如可以建立与工作目标任务和工作绩效挂钩的有效的经费分配制度;建立与实际需要和使用效率挂钩的设备房屋等物力资源的配置方法;实行分层管理实验室(公共基础实验室、专业基础实验室、专业及研究实验室)和开放式管理实验室等。

再次,在资源配置中应建立科学民主的审批程序,在具体配置中应建立招投标制度和全程跟踪审计制度,以确保合理的资源投向和最低的交易成本,提高效益。

四、合理评估是大学内部教育资源优化配置的导向

1.教育评估机制日渐得到重视

20世纪90年代以后,日本以"机会均等"为准则的高等教育资源配置政策迅速向以"绩效"为准则的配置政策转移,体现出效率→竞争→评估→配置这样一个过程,[①]力图通过构建自我评估和外部评估相结合的多元、客观、透明的双轨评估体系,根据评估结果确定

---

① 张玉琴.日本高等教育评估机制与资源配置[J].石家庄经济学院报,2004(4):483-486.

经费配置,从而达到优胜劣汰、提高办学效益的目的。近年来,大学评估工作在我国也得到快速推进。既有政府部门对大学开展的如学科评估、重点实验室评估和人才培养质量评估等许多专项工作评估,大学评估被纳入教育行政部门的管理工作体系,又有科研机构和民间机构等展开的对大学综合实力的评价,如各种各样的大学排名。尽管人们对诸如大学排名等评价的权威性表示怀疑,但其社会影响却不可小觑。不论是政府部门的评估,还是第三方机构的评估,其评价结果将被政府当作财政拨款及社会、个人投入的重要参考对象,也是学校获取相关资源的重要参考资料。

大学评估体系分为内部评估和外部评估两种。内部评估主要指以学校为主体,内部进行的自我评估和教师之间的相互评估,其内涵主要是对教学、科研活动进行评估。而外部评估则与前者相反,是一种以学校外部人士为评估主体,对学校活动进行全面评估的一种评估方式。

内部评估主要是:(1)学生评价教师授课情况;(2)教师就教育研究情况进行自我和相互评价;(3)委托校外有识之士作为评价人对学校进行全面评估;(4)评估结果通过学校网页或者以评估结果报告书的形式在校内公布。评估要求学生对教师的教学情况通过填写调查表的形式反映出来,最后经过数据处理加以量化,公布于校内。这种做法对改变轻教学、重科研的倾向,提高学校教学质量,增强教师的竞争意识极为有效,是一种有利于提高教学质量的重要方法,从而成为大学评估体系中的重要组成部分。

外部评估一般包括社会评估和行政评估。社会评估的主体主要指行政组织,如教育行政部门所属的评估机构(学位评估中心等)或所组成的专门评估委员会(小组)等。外部机构的评估结果一是反馈给学校,以利于改善和提高教育研究质量;二是广泛向社会公布,为学生择校、企业投资提供参考信息;三是有效地与政府资源配置政策结合起来,为重点配置提供依据。

不论是内部评估还是外部评估,这种评估已被政府、社会和大学所高度重视并逐步推行运用。

2.评估机制与资源配置结合

内部评估与外部评估有着各自不同的意义和作用。从各自评估的特征分析,无论是评估目的还是评估主体以及评估内容都各有侧重,内部评估重点在于改善学校内部的教育活动,即改善教学、科研活动及教育研究环境,评估主体主要是学校内部人员;而外部评估的落脚点在于改善教育投资环境,评估标准重在衡量其社会效益如何,评估主体主要由校外人员组成。

内、外部评估制度的不同,评估目的、评估对象等各异。从资源配置的关系视角分析,外部评估显得更为直接有效,其评估结果直接反映在资源配置上。表 6.1 所示为内部评估与外部评估的区别。

表 6.1　内部评估与外部评估的区别

	教育评估(内部评估)	社会评估(外部评估)
目的	改善教育活动	改善教育投资环境(社会声誉)
主体	校内有关人员	校外人员
对象	学习成果	社会效益
日期	教学活动期间	教育活动结束后
场所	大学体系内部	大学体系外部

20 世纪末和 21 世纪初,我国在高等教育方面出台了几项重大举措,如 1995 年我国政府提出面向 21 世纪重点建设 100 所高校的"211 工程",和 2003 年提出的面向世界和国内经济建设需要建设 30 所左右世界高水平大学的"985 工程",都是政府主管部门在对大学进行全面评估的基础上确定的重点投入项目。目前,学校的招生计划、重点学科、学位点分布建设等也都是与评估结果挂钩。正如一

位学者指出,近年来,教育评估更多的是以大学与社会关系的密切程度及资金的严重匮乏为背景,对大学支出的正当性和对社会经济发展作出的贡献程度,即对教育资源的有效分配和使用效果进行评价。从实践情况看,内部评估不仅对改善内部教学活动有直接作用,对校内相关资源的配置也起到直接或间接的调控或导向作用。

本章小结

本章从大学教育资源优化配置的条件与要求入手,并在此基础上,就大学教育资源优化配置问题,从配置的战略环境、战略措施和战略协调等方面提出了战略选择。进而就大学教育资源优化配置问题进一步作了理性思考,明确提出"更新观念是大学内部教育资源优化配置的先导,科学规划是大学内部教育资源优化配置的前提,制度安排是大学内部教育资源优化配置的关键,合理评估是大学内部教育资源优化配置的导向",从宏观上构建了大学内部教育资源优化配置的系统范式。